Le Guide steampunk

DES MÊMES AUTEURS :

Étienne Barillier

Les Nombreuses Vies de Fantômas,
Les Moutons électriques, 2006

Steampunk !, l'esthétique rétro-futur,
Les Moutons électriques, 2010

Le Petit Guide à trimbaler de Philip K. Dick,
éditions ActuSF, 2011

Arthur Morgan

« Impressions rétrospectives, rencontre avec Sam Van Olffen »,
in *Rétro-futur ! Demain s'est déjà produit*,
Les Moutons électriques, 2012

« Les communautés "rétro-futur" de la toile »,
in *Rétro-futur ! Demain s'est déjà produit*,
Les Moutons électriques, 2012

« "Vivement demain que tout soit comme hier !" La rétromanie en question »
in *Fiction*, tome 16, Les Moutons électriques, 2013

Étienne Barillier & Arthur Morgan

LE GUIDE STEAMPUNK

3 les Souhaits

Couverture illustrée par Alexandre Bourgois.

*Ouvrage publié sous la direction de Jérôme Vincent
avec la collaboration d'Éric Holstein, Charlotte Volper et Marie Marquez.*

Actusf
Les Trois Souhaits
34 avenue des Bernardines, 73000 Chambéry
www.editions-actusf.fr
ISBN : 978-2-917689-49-3 EAN : 9782917689493

SOMMAIRE

REMERCIEMENTS..11

INTRODUCTION..13

AVANT-PROPOS PAR SELENA J. CHAMBERS.........................21

COMPRENDRE LE STEAMPUNK EN 10 QUESTIONS.....25

STEAMPUNK & LITTÉRATURE...41
La genèse d'un mouvement littéraire..42
Le proto-steampunk...45
La naissance du steampunk...49
La naissance du steampunk français..54
La nouvelle vague...58

GUIDE DE LECTURE...61
Au XIXe siècle..62
Entretien avec Mike Perschon..72
Fiches de lectures..79
Le proto-steampunk...80
La naissance du steampunk...83
Entretien avec James Blaylock..85
Entretien avec K. W. Jeter..97
Entretien avec Tim Powers...103
Le steampunk contemporain..107
Entretien avec Mark Hodder..116
Entretien avec George Mann..134
Le steampunk francophone...142
Entretien avec Mathieu Gaborit..147
Entretien avec Stéphane Tamaillon...154
Entretien avec Raphaël Albert...162

Le steampunk en version originale......................................169
Entretien avec Greg Broadmore................................174
De beaux livres steampunk..................................179

LA BANDE DESSINÉE STEAMPUNK..........................185
Bande dessinée francophone..................................188
Comics...203
Entretien avec Jess Nevins....................................209
Manga...217
Entretien avec Guillaume Lapeyre.............................218
Sur le web..224

LE STEAMPUNK MULTIMÉDIA.................................227
Steampunk et cinéma...230
Le steampunk à la télévision................................239
Courts métrages steampunk...................................244
Le jeu steampunk..247
La musique steampunk..253
Entretien avec Captain Brown / Abney Park....................259

LE COSTUME STEAMPUNK......................................265
Entretien avec Fanny Wilk.....................................270
Entretien avec Maurice "Redstar" Grunbaum....................274
Entretien avec Futuravapeur...................................277
Entretien avec Thibault Hycarius..............................283

STEAMPUNK & ÆTHERNET..291
Entretien avec Célia Chapillon...............................295
Entretien avec Ann VanderMeer................................300

CONCLUSION..305

REMERCIEMENTS

Étienne Barillier :
Merci à Florence & Manon, elles savent pourquoi.
Merci à Morgan Guéry, pour l'enthousiasme, la fougue et le talent.

Arthur Morgan :
Merci à Laure pour sa patience et son amour.
Étienne Barillier pour avoir mené ce livre avec lui (ce fut un réel plaisir).
Merci à Greg Celerse pour son enthousiasme perpétuel (*you rock man!*), à Antonia Hall pour ses traductions de dernière minute et à Christophe Coquelet pour tout.

Les auteurs :
Merci à Jérôme Vincent, Marie Marquez & ActuSF.
A special thank to S. J. Chambers *and all the contributors:* Tim Powers, James P. Blaylock, K. W. Jeter, Greg Broadmore, Mark Hodder, Ann VanderMeer, Jess Nevins, Georges Mann, Mike Perschon, Robert Brown & Abney Park.
Merci à la communauté vaporiste française et en particulier Futuravapeur, Thibault Hycarius, Maurice Redstar Grunbaum et Célia Chapillon.
Merci à Fanny Wilk de *Temps d'Élégance*.
Merci aux auteurs Mathieu Gaborit, Raphaël Albert, Stéphane Tamaillon et Guillaume Lapeyre d'avoir répondu à nos questions.

INTRODUCTION

ngrenages, vapeur, automates, savants fous en chapeaux hauts de forme, nous avons tous rencontré à un moment ou à un autre le steampunk ces dernières années. Il semble être partout, surgissant et s'imposant comme une forme majeure dans le domaine de l'imaginaire. Pourtant savons-nous vraiment ce qu'il est ?

Voilà le paradoxe : nous connaissons *tous* le steampunk, mais nous ne savons pas exactement ce que le mot recouvre. Certains d'entre nous ont même commencé à l'aimer bien avant d'entendre son nom pour la première fois. Et parfois, nous avons été surpris d'apprendre que telle œuvre l'était – ou que telle autre ne l'était pas !

Le steampunk est longtemps resté tapi dans les rayonnages des librairies, mal à l'aise entre la science-fiction et la *fantasy*. Cela fait trente ans qu'il est présent et qu'il devient lentement de moins en moins discret. Cette connaissance diffuse a donné lieu à de multiples naissances : de nombreux auteurs, comme Johan Heliot et son roman *La Lune seule le sait* ou Alan Moore avec la *Ligue des gentlemen extraordinaires*, ont pu ainsi « inventer » leur propre steampunk, dans l'ignorance qu'il existait déjà ! Il a considérablement évolué depuis sa naissance dans les années 1980, dépassant les limites attendues, rompant avec les habitudes au point de toucher à des territoires inédits et insoupçonnables. Aurions-nous pensé, il y a seulement quelques années, qu'en écrivant ce livre nous allions entrer en contact avec des écrivains, des artistes plasticiens, des musiciens ?

D'un point de vue littéraire, le steampunk est généralement classé comme un sous-genre de la science-fiction. Il est présenté comme une histoire alternative où, pour reprendre la formule désormais célèbre de Douglas Fetherling[1] : « Le steampunk s'efforce d'imaginer jusqu'à quel point le passé aurait pu être différent si le futur était arrivé plus tôt. » Il a pour cadre une époque victorienne qui ressemble à bien des égards à celle que nos ancêtres ont connue. Mais un léger pas de côté a été fait avec l'histoire : la science a pris un tour différent, concevant les ordinateurs et les robots bien plus tôt ! La Révolution industrielle a bel et bien eu lieu, mais la vapeur propulse dorénavant des machines différentes, au service de sociétés forcément autres... Ainsi, pour définir provisoirement le steampunk, on peut dire qu'il tient de la science-fiction pour le travail sur la technologie, les procédés narratifs et de l'uchronie pour le jeu avec l'Histoire et ses embranchements.

Le steampunk a désigné des fictions victoriennes pour être ensuite utilisé aussi bien en littérature qu'en musique, mode, arts plastiques, performances artistiques, graphisme. Est-ce que le terme a le même sens pour tout le monde ? Rien n'est moins sûr. Est-ce qu'il désigne encore aujourd'hui une fiction victorienne ? Une esthétique uchronique rétro-futuriste[2] ? Une fascination réactionnaire autour d'un passé rêvé ? Une culture ? Un rejet du monde contemporain ? Une réappropriation de sa culture nationale ?

Le steampunk est certainement un peu tout cela à la fois, ce qui le rend d'une certaine façon insaisissable. Il est un mouvement aux multiples branches littéraires, esthétiques,

---

[1] Citée par Daniel Riche dans sa préface de *Futurs antérieurs*, Fleuve Noir, 1999.
[2] Le rétro-futurisme date des années 1960 et revisite l'avenir tel qu'il était imaginé dans le passé ou bien envisage l'avenir si le passé avait été différent. N'hésitez pas à lire la nouvelle de William Gibson, « Le Continuum Gernsback », publiée dans *Mozart en verre miroir* (Folio SF, 2001).

musicales, se déployant simultanément dans des espaces différents, générant à chaque fois de nouvelles variations de lui-même.

Dans tous les cas, il est un retour vers le passé, un passé qui peut sembler pour certains comme étant plus beau, plus simple et moins décevant que notre présent – ou, pire, que notre futur. Une projection dans un monde d'avant les deux Guerres mondiales, d'avant la Bombe et les crises économiques, un monde où les cartes géographiques comportaient encore le rêve de la *terra incognita* et où les inventions se multipliaient pour bouleverser des sociétés entières.

En effet, par un mouvement de translation, le steampunk active un imaginaire passé. Dans celui-ci, on imaginait un futur, souvent très proche, qui allait être littéralement merveilleux. Cela semblait d'autant plus possible par la somme de réalisations que la fin du XIXe siècle rendait accessibles au plus grand nombre – le chemin de fer, la machine à vapeur, le téléphone et le télégraphe, l'électricité ou encore la photographie. Ce n'est pas tant l'étonnante prolifération d'inventions qui surprend, mais bel et bien leur impact. La liste des bouleversements est longue : expansion des villes, développement des classes moyennes et bourgeoises, industrialisation à marche forcée, extraordinaire vitalité artistique et créative, profondes mutations sociales… Toute une appétence de progrès qui se syncrétise dans la construction du Crystal Palace à Londres pour l'Exposition universelle de 1851 et la tour Eiffel pour celle de Paris en 1889 où science, art et technique fusionnent.

L'Empire britannique, plus grand que ne l'a jamais été l'Empire romain et que tout autre pouvoir colonial, étonne encore par son étendue, par l'affirmation de son pouvoir et de la force de sa culture. Cependant, cela ne peut tenir face à l'effroi provoqué par la nature même de la colonisation, des situations de crimes et de pauvreté où se trouvait engluée une part de la société anglaise, une société sclérosée, figée dans ses rites et structures, pourrissante déjà de l'intérieur, et contemplant, fascinée et légèrement dégoûtée d'elle-même, le combat entre le vice et le crime dans les quartiers de Whitechapel.

Ultime attrait, le steampunk décrit un mode de vie que l'on sait sur le point de disparaître. Les mouvements anarchistes s'agitent. Les monarchies anciennes ne tiendront plus sur leur trône longtemps. La société va devoir être bientôt réformée alors que les mouvements sociaux deviennent de plus en plus violents. Ainsi, le XIXe siècle est marqué par le luddisme en Angleterre (1811), les Canuts à Lyon (1831) et caractérisé par l'émergence d'un prolétariat que Karl Marx théorise. Avec le steampunk, nous sommes au moment médian, entre la disparition et l'émergence, entre la décadence et la splendeur, entre les fastes de la monarchie et la plongée dans la mine. Étrange contraction qui embrasse l'ensemble d'une époque et de ses aspects sans chercher à les trier ni à les expliquer. Le steampunk ne fait jamais office d'historien donneur de leçon.

Ce regard vers le passé nous interroge. Est-ce un passé qui serait pris pour un temps de l'innocence ? Nous le pensons si nous considérons que l'innocence n'est pas naïveté. Il est peut-être simplement celui où croire en un futur meilleur n'était ni une position cynique ni une forme d'angélisme béat. Écrire une fiction rétro-futuriste n'est pas non plus embrasser les valeurs de l'époque évoquée, ce n'est pas une façon de dire combien c'était mieux avant… À son meilleur, la force du steampunk est de poser un dialogue entre le passé et le présent, de proposer une réaction contre les mollesses et lâchetés de notre époque, de les confronter aux erreurs et espoirs du passé : autrement dit, d'envisager notre futur.

Le steampunk est-il alors un mouvement politique ? La question agite la critique anglo-saxonne. Le steampunk ne peut rester neutre vis-à-vis de la matière sur laquelle il travaille. Explorer un XIXe siècle entre faits historiques, citations littéraires et rêveries dégage inévitablement un miroir de notre époque. Nous regardons d'où nous venons pour mieux comprendre notre présent. La fin du XIXe siècle ressemble beaucoup au nôtre : pollution, travail des enfants, essor de l'information, dégradation des conditions de travail, etc. C'est là que la culture steampunk se bâtit. Nous assistons à la mise en lumière de ce que nous sommes, par la peinture d'où nous venons et l'invention d'où nous rêvons d'aller.

Mais le steampunk est également *punk* : il s'attaque aux lieux communs, bouscule les habitudes, conteste et met les pieds sur la table. Cependant, le steampunk n'a pas été pensé comme un mouvement contestataire. En effet, le mot n'a jamais eu d'autre intention que d'être une boutade.

Tout a commencé quand l'écrivain américain K. W. Jeter adressa une lettre à la revue *Locus* en avril 1987. Le débat alors portait sur les fictions victoriennes, telles qu'en produisaient ses camarades Tim Powers et James Blaylock ou lui-même cette année-là avec *Machines infernales*. Voici ce qu'il écrivait :

« *Cher Locus,*
Ci-joint un exemplaire de mon roman de 1979, Morlock Night. *Pourriez-vous avoir l'amabilité de le transmettre [au*

critique] Farren Miller[3] car c'est une preuve de premier ordre dans le débat devant déterminer qui, du « triumvirat de l'imaginaire, Powers/Blaylock/Jeter » écrivit le premier d'une « manière gonzo-historique ».

Personnellement, je pense que les fictions victoriennes vont être le prochain truc à la mode, du moment que nous parvenons à trouver un terme collectif adéquat pour [Tim] Powers, [James] Blaylock et moi-même. Quelque chose basé sur la technologie propre à la période, comme « steampunk » peut-être… Alors, le prochain truc à la mode ? »

À la mode ? Pas sur le moment. Les années 1980 sont plutôt celles de la science-fiction engagée du cyberpunk, dont Jeter parodiait gentiment le nom. Alors à la mode aujourd'hui ? Il est probable que nous y tendons. Le steampunk a mis un peu plus de vingt ans à sortir de l'ombre pour devenir, par son ampleur et sa variété, un réel mouvement culturel.

Alors que nous écrivons ces lignes, des artistes à travers le monde sont en train de créer *quelque chose* de steampunk. Des gens sont en train de fabriquer – de leurs mains, il est important de le souligner : ils cousent, soudent, lient, découpent… – des *trucs* steampunk. Un musicien se demande comment composer un morceau. Un romancier s'agace pour décrire un personnage. La vitalité du mouvement repose sur eux parce qu'ils sont le fer de lance de l'esprit même du genre. Être indépendant, demeurer le propre juge de ses goûts et valeurs, rester élégant et de bonne composition, pourquoi pas ? Mais être steampunk, c'est aussi développer un goût qui mène invariablement vers

---

[3] Faren Miller avait fait une critique de *Machines infernales* qui avait lancé le débat dans les colonnes du journal.

d'autres territoires et vers de nouvelles expériences esthétiques et culturelles.

Cet ouvrage ne saurait être un guide exhaustif du mouvement steampunk tant il foisonne et contamine toutes les sphères de la création artistique. Mais plutôt un marchepied, une porte d'entrée vers les incontournables du genre. Nous assumons les manques comme les oublis que suppose notre démarche. Considérez-nous comme des passeurs, qui cherchent à vous proposer des pistes, parfois des chemins de traverse, pour vous indiquer des directions, et amicalement partager avec vous nos coups de cœur. Pour cela, nous avons aussi donné la parole à ceux qui font le steampunk ou plutôt à une partie d'entre eux. Car les autres, ce sont vous, les lecteurs, les amateurs, les *vaporistes*[4].

Le steampunk est une splendide machine, rutilante, brillante et bruyante. Une machine à la fois précieuse et belle, mais surtout une machine qui fonctionne de mieux en mieux. À chacun de lui donner un usage et une fonction.

Les machines servent à cela.

Étienne Barillier & Arthur Morgan

---

[4] Le fan français de steampunk est généralement appelé vaporiste. Ce qui est quand même plus élégant que *steamer*, non ?

AVANT-PROPOS

Par Selena J. Chambers

Selena J. Chambers est la coauteure de l'ouvrage de référence The Steampunk Bible: An Illustrated Guide to the World of Imaginary Airships, Corsets and Goggles, Mad Scientists, and Strange Literature *(Abrams Image, 2011) avec Jeff VanderMeer. Elle participe à de nombreuses conférences sur le sujet et aime particulièrement les racines françaises du mouvement. Elle publie aussi régulièrement des nouvelles dans différents magazines américains et est une spécialiste de Edgar Allan Poe.*

Malgré l'intérêt qu'il a suscité ces derniers temps, le steampunk a toujours été mis en cause. Depuis la fin des années 2000, les principales questions « Qu'est-ce que le steampunk ? » et « Pourquoi le steampunk est-il important ? » ont été abordées. Ces questions ont reçu une myriade de réponses, différentes les unes des autres.

Certaines critiques avancent que le steampunk n'a pas d'importance. Qu'il s'agit juste d'un passe-temps étrange même si divertissant. D'autres admettent à contrecœur que c'est un mouvement esthétiquement intéressant, mais au final culturellement vain et sans aucune conscience sociale. Quand j'entends ce type de critiques, je me dis que leurs auteurs sont à des lieues de comprendre le steampunk (au moins à 20 000 lieues) et qu'ils n'ont fait que l'effleurer en le considérant comme étant plaisant, mais trop superficiel. C'est vraiment dommage car la caractéristique principale du mouvement steampunk est son côté accessible à tous, enfin à tous ceux qui osent rêver et libérer leur imagination.

Ma première idée était similaire. Pour moi, le steampunk était un mouvement esthétique évoquant une certaine nostalgie. Cependant, après avoir commencé à interviewer des fans du mouvement et compris qu'il s'étendait sur toute la planète, je me suis rendu compte que cette sous-culture était aussi un dialogue contemporain. Il est devenu international. Il se développe même dans des pays qui n'ont pas connu la période victorienne. Les œuvres produites dans ces pays relisent leur héritage culturel et réécrivent, revisitent leur propre histoire sans aucunement diminuer le sérieux des questions sociales soulevées. En plus du racisme et de la lutte des classes, il explore aussi la société de consommation, le développement durable et l'économie locale. En abordant ces questions très sérieuses de façon ludique, il s'ouvre plus encore et permet une transmission efficace des idées.

Dans l'ensemble, le steampunk a une réelle importance car il englobe désormais une communauté cohérente, unifiée et internationale. Une communauté dont les membres ont des intérêts et des histoires personnelles diverses, ce qui la fait continuellement se renouveler, évoluer… Le concept sous-jacent qui unit et motive ces membres est la désillusion liée à notre monde contemporain, devenu trop facile à vivre.

Le prix à payer pour cette facilité de vie est l'ignorance et la complaisance. Nous ne comprenons plus comment fonctionnent les objets qui nous entourent. Et quand ces objets cassent, il nous semble plus simple d'en acheter un nouveau pour le remplacer plutôt que de le réparer (ce qui nous garantit aussi d'en avoir un plus récent et plus cool que celui que nous avions de toute façon). Et ça ne se limite pas aux objets électroniques ou mécaniques, mais de façon métaphorique à la politique et à la société. Ce qui soude le steampunk est l'approche *Do it yourself* et le désir et la reconnaissance de l'ingéniosité, la créativité et l'indépendance qui semblent nous avoir été volées par la culture consumériste.

1
COMPRENDRE LE STEAMPUNK EN 10 QUESTIONS

Quelles sont les principales caractéristiques du steampunk ?

On peut en compter trois. Tout d'abord, le steampunk tient de l'uchronie[5] en ce qu'il propose une histoire alternative, une réinvention de l'Histoire telle que nous l'avons connue, avec comme point de rupture une évolution différente de la technologie. Ce point de rupture est important dans une uchronie parce qu'il marque le moment de la déviation avec notre histoire et celui de la création d'une nouvelle ligne temporelle. Par contre, contrairement à l'uchronie traditionnelle, le steampunk peut adopter des points de rupture liés aux genres de l'imaginaire (magie, invasion extraterrestre, substance aux capacités fantastiques, etc.)… et ne pas toujours chercher à les expliquer !

Ensuite vient la dimension référentielle, dite intertextuelle. Derrière ce terme barbare se cache l'idée que le steampunk incorpore dans sa fiction d'autres fictions. Un récit steampunk qui se déroule au XIXe siècle peut aussi bien faire référence à des figures historiques de l'époque qu'à des personnages de fiction. Autrement dit, il est possible de croiser dans le même récit aussi bien Jules Verne que le capitaine Nemo, Frankenstein que Mary Shelley, Stevenson que le Dr Jekyll ! La métafiction est une fiction de la fiction qui peut se développer tantôt de manière référentielle et ludique tantôt comme une réflexion autour de la notion même de ce qu'implique l'acte de raconter une histoire.

---

[5] L'uchronie est un genre littéraire qui se base sur l'invention raisonnée d'une histoire alternative, partant d'un point de divergence avec la nôtre. *Le Maître du Haut Château* de Philip K. Dick imagine ainsi les États-Unis après la victoire de l'Axe nazi lors de la Seconde Guerre mondiale. Le lecteur curieux d'en savoir plus pourra lire avec profit le livre d'Éric Henriet, *L'Uchronie*, Éditions Klincksieck, 2009.

Enfin, et surtout, le steampunk se tient dans la lignée des romans et univers de Jules Verne et H. G. Wells qui en sont l'inspiration, la source et la référence permanente. Le steampunk utilise un imaginaire du futur – aujourd'hui obsolète et par conséquent rétro – qu'il actualise et met en scène à travers le prisme des fictions anciennes en y injectant des techniques d'écriture, des préoccupations modernes.

Le steampunk est par conséquent une uchronie intertextuelle qui explore la littérature et les arts du XIXe. Est-ce une définition définitive ? Vous aurez souvent l'occasion de voir dans ce guide que le steampunk dépasse et déborde à de nombreuses occasions ces limites. Néanmoins, il s'agit d'un ensemble de caractéristiques opératoires qui nous permettent de le reconnaître aisément.

Une des caractéristiques fascinantes du steampunk est justement l'éventail des possibles créé par les combinaisons de ces différentes composantes. Mais un écueil demeure : on parle souvent de cadre victorien pour un roman steampunk. Cela nous semble par trop réducteur : quel point commun trouver à l'évocation uchronique d'une Angleterre victorienne où la science a progressé bien plus vite et bien plus tôt dans *La Machine à différences* de Bruce Sterling et William Gibson avec l'univers de *L'Âge des lumières* de Ian R. MacLeod où nous sommes dans un cadre fictionnel qui tient bien plus du roman de science-fiction victorien ?

Nous réfutons l'idée que le steampunk doit exclusivement être fixé sur le XIXe siècle victorien. Il a pu sembler l'être au moment de la parution des premiers romans. Aujourd'hui encore, il peut être victorien, et l'est très souvent. Mais il ne peut pas être que cela. Il est un jeu sur l'espace, le temps, la forme et la culture, à la fois fluide et mobile, ce qui le rend, somme toute, aussi difficilement définissable qu'immédiatement compréhensible.

Quelle est l'importance alors de Jules Verne et H. G. Wells ?

Elle est considérable, à tel point que Jules Verne est parfois considéré à tort comme un auteur steampunk. Le steampunk est rétro-futuriste et référentiel. Il fait référence à l'œuvre de Verne, qu'il explore et évoque… ce que l'écrivain nantais ne pouvait pas faire, car il écrivait sur la technologie de son temps ! Jules Verne, ne l'oublions pas, écrivait des « Voyages extraordinaires ». La science-fiction n'existait pas encore.

Le steampunk est une reconnaissance de l'influence majeure de ces deux auteurs : reconnaissance de leurs œuvres, mais aussi de leur imaginaire. Le steampunk reprend et développe des thèmes issus de leurs romans tout en les citant et parfois en les réinventant : maîtres du monde, machines extraordinaires, invasion extraterrestre, etc. Leur présence est aussi un formidable hommage à la puissance littéraire de leurs imaginaires.

Le XIXe siècle a été celui de la naissance des principaux genres de l'imaginaire : la science-fiction, la *fantasy* et le policier. Le steampunk se situe à la croisée de ces genres, au moment de l'apparition de Frankenstein et Dracula.

Pourquoi la vapeur ?

Icône steampunk, l'engin à vapeur revêt plusieurs formes. D'une manière générale, il est gigantesque, énorme, monstrueux. La machine steampunk est toujours sidérante, fascinante et par extension un peu inquiétante dans sa démesure. Remontant au XVIIe siècle pour son principe et sa conception, la vapeur, elle, n'a été supplantée par le moteur à explosion, dit à combustion interne, qu'au début du XXe.

La Révolution industrielle, qui fait basculer une société principalement agricole vers une société commerciale et industrielle, a besoin de la vapeur pour ses bateaux et ses trains. Les transports et transferts de marchandises deviennent de plus en plus efficaces et rapides – en 1869, l'ouverture du canal de Suez permet aux bateaux à vapeur d'atteindre l'Inde en soixante jours. Avec la machine, le monde devient plus petit, plus accessible.

En fait, on arrive au terme d'un mouvement plus ancien, qui a débuté à la moitié du XVIIIe siècle. Le transport ferroviaire s'est développé, empiétant sur les canaux qui jusqu'à alors étaient dédiés au transport fluvial, imposant des infrastructures qui modifiaient le paysage comme les villes.

La machine devient ainsi un symbole et, comme tous les symboles majeurs, elle est double. D'un côté, l'image solaire incarne l'évolution d'une science puissante, source d'émancipation de l'homme. De l'autre, c'est l'instrument qui opprime et asservie la classe ouvrière, condamnée à vivre et souffrir dans les tréfonds de la société.

Qu'est-ce que l'esthétique steampunk ?

L'esthétique steampunk peut rapidement prendre la forme d'une série de clichés : prenez un aventurier, une espionne, un savant et un mécanicien, habillez-les avec des vêtements de la fin du XIXe siècle, ajoutez quelques accessoires science-fictifs à base de rouages et de pièces cuivrées, et le tour est joué !

Un autre cliché ? Imaginez le Londres de Dickens, alliant des bas-fonds de David Copperfield à l'élégance raffinée des soirées à l'opéra. N'oubliez pas la vapeur, quelques machines gigantesques, peut-être un ou deux géants mécaniques survolés par un Zeppelin revenant de New York.

La facilité avec laquelle nous pouvons concevoir tout cela explique en grande partie le succès du steampunk. Nous n'avons pas à faire d'effort pour que l'image mentale naisse et que l'agréable surprise qu'elle constitue – le choc esthétique – nous récompense. D'autant que le steampunk que nous aimons est loin de ces clichés, ou plutôt s'en empare, les détourne, joue avec eux pour proposer des formes nouvelles et des variations étonnantes.

Cette puissance visuelle – qui n'est pas sans nous faire penser à la sidération que l'on pouvait éprouver dans d'autres genres quand on découvrait les travaux d'un illustrateur comme Chris Foss en science-fiction ou d'un Frazetta en *fantasy* – a des racines anciennes. Pensons à l'impact qu'a pu avoir sur notre imaginaire la découverte du *Nautilus* dans l'adaptation de *20 000 lieues sous les mers* (1954) par les studios Disney. Le sous-marin ne ressemblait à rien de connu, présentait des lignes aussi élégantes que menaçantes. Il était à la fois confortable et inquiétant. Il était beau. Il faisait rêver.

C'est exactement cela, l'esthétique rétro-futuriste : un mélange de formes et d'influences, une addition d'inspirations et de citations pour aboutir à quelque chose de nouveau qui parvient à rester à la fois familier et étrangement différent.

Existe-t-il un steampunk français ?

Une des particularités du steampunk tel qu'il se déploie est justement de se fondre et d'embrasser chaque culture. Il s'agit d'ailleurs de la meilleure preuve que le steampunk ne peut se limiter à l'époque victorienne. Le steampunk francophone est né dès la fin des années 1990, avec la parution du premier roman de David Calvo, *Délius, une chanson d'été* (1999), de l'anthologie thématique dirigée par Daniel Riche *Futurs antérieurs*, de *Confessions d'un automate mangeur d'opium*, roman écrit à quatre mains par Fabrice Colin et Mathieu Gaborit et enfin de *L'Équilibre des paradoxes de Michel Pagel*. En 2000, *La Lune seule le sait*, premier roman publié de Johan Heliot, est un temps fort et constitue, presque sans le faire exprès, la synthèse de toutes les tentatives précédentes. Nous ne sommes plus dans un steampunk victorien, mais dans un steampunk pleinement français, où Jules Verne croise Victor Hugo pour aller sauver Louise Michel sur la Lune ! Napoléon III, la Belle Époque, l'Art nouveau sont autant de nouvelles pistes à explorer. Une preuve ? Pierre Pevel fait surgir les Brigades du Tigre dans *Les Enchantements d'Ambremer* (2003) et cela fonctionne parfaitement.

Bien sûr, le steampunk francophone peut se dérouler dans un cadre anglo-saxon, mais c'est véritablement quand il se trouve dans un cadre culturel français qu'il déploie sa pleine originalité.

Comment le steampunk apparaît-il dans le reste du monde ?

En Grande-Bretagne, le steampunk connaît le même succès qu'en France. Toute la production américaine est aisément accessible. De grands textes anglais existent depuis longtemps – comme la série des *Anno Dracula* de Kim Newman et celle de *La Ligue des gentlemen extraordinaires* d'Alan Moore. D'Angleterre aussi la vénérable et toujours très moderne série télévisée *Doctor Who* dont quelques épisodes revendiquent explicitement une esthétique steampunk.

Les États-Unis semblent à la pointe. Nous y trouvons les plus grands groupes constitués de vaporistes, la production écrite y est massive, mais de qualité très inégale avec quantité de titres édités numériquement. On peut noter aussi la publication assez régulière d'études et de beaux livres sur le steampunk.

Mais ce n'est pas tout. Italie, Espagne, Amérique latine, Europe de l'Est, chaque région du monde voit grandir sa communauté. La barrière de la langue ne rend pas ces formes de steampunk inaccessibles. Il explose sur Internet, quand toutes les informations, toutes les images et toutes les interactions sont possibles sans qu'il soit question de frontière.

Le steampunk est-il un genre ?

Il est simple de comprendre ce qu'est le steampunk une fois que l'on a défini ce qu'il n'est pas. En effet, le steampunk n'est pas un genre, comme peuvent l'être la science-fiction, le fantastique ou le policier. Pourquoi ? Pour exister, un genre a besoin d'être défini par les éléments qui le constituent et qui le rendent reconnaissable. Ces éléments peuvent être hérités de l'histoire, d'un manifeste, une école littéraire. Or le steampunk ne peut être défini de manière définitive et surtout pleinement satisfaisante par ceux-ci. En effet, si l'on voulait délimiter le genre steampunk, on pourrait partir d'une définition disant qu'il s'agit d'un genre narratif qui met en scène un univers uchronique victorien dans lequel se déroulent des aventures mêlant mystère et technologie science-fictive. La définition exclurait immédiatement toutes les variations américaines et françaises du steampunk !

En outre, un problème supplémentaire serait de négliger le fait que le steampunk emprunte de nombreuses caractéristiques à d'autres genres : il peut se combiner avec la science-fiction aussi bien qu'avec la *fantasy* pour obtenir *in fine* des résultats bien différents.

Quitte à parler de genre, on peut alors se rabattre sur la notion de sous-genre[6] qui n'est pas pleinement satisfaisante pour les mêmes raisons.

C'est pour cela que nous aimons concevoir le steampunk comme une esthétique rétro-futuriste. Il est une boite à

---

[6] Un sous-genre est une division d'un genre plus vaste. Il regroupe des éléments culturels ayant beaucoup de caractéristiques communes. Ainsi Stan Barets fait en 1994 dans son *Science-fictionnaire* du steampunk un sous-genre de la science-fiction.

outils, une grammaire que l'on peut utiliser à loisir sans pour autant être limité par elle. Chaque artiste, chaque auteur font *leur* steampunk. À nous, les lecteurs, les spectateurs, les critiques, les vaporistes de nous complaire dans des arguties sans fin pour choisir la plus belle étiquette, trouver l'œuvre avec le plus haut degré de pureté steampunk.

Le steampunk est-il une idéologie ?

Le DIY[7] (acronyme pour l'expression anglaise *Do it yourself*) est au cœur du mouvement steampunk. Il s'agit de ne pas acheter son costume steampunk, mais de le réaliser soi-même, de le *customiser* afin de se l'approprier. En d'autres termes, si vous voulez rejoindre une manifestation vaporiste, soyez vous-même, ayez vos propres réalisations, même imparfaites, et ne prenez pas le raccourci facile d'acheter des accessoires banals sur Internet. L'idée est que le steampunk donne une nouvelle vie à des vêtements oubliés, reprend des codes vestimentaires désuets et les customise pour mieux affirmer votre individualité et votre personnalité. On peut voir une réaction, par l'élégance et l'humour, aux excès et débordements de notre société de consommation.

Les œuvres réalisées par des artistes steampunk rejoignent également cette démarche. Quand l'Américain Datamancer détourne un clavier d'ordinateur en plastique pour en faire un clavier steampunk, fait de bois et aux touches de nacre, il nous rappelle aussi, à sa manière, combien un objet du quotidien peut redevenir à la fois beau et surprenant – tout en restant fonctionnel – en l'habillant de matières nobles.

Le gigantisme steampunk est également à prendre en compte. Il est aux antipodes de ce que la technologie nous offre aujourd'hui où les écrans et les machines deviennent de plus en plus ténus (et de moins en moins réparables), où la notion d'obsolescence programmée ne choque qu'à peine. La technologie steampunk est bruyante, gigantesque, transpire la graisse qui protège ses engrenages. L'ordinateur

---

[7] Philosophie issue du mouvement punk visant à créer soi-même et plutôt de manière artisanale des objets de la vie courante ou des objets technologiques ou artistiques.

y est mécanique ; l'androïde automate. Elle est aussi dangereuse qu'un piston mal entretenu, mais elle est réparable, fabriquée par la main de l'homme et fonctionnelle. Plus que tout, elle est belle.

Le steampunk est politiquement orienté dans la mesure où il questionne aussi bien notre société que notre quotidien.

Allant plus loin, Jess Nevins a stipulé qu'en bon punk, « le steampunk se rebelle contre le système qu'il décrit.[8] » Quand Bruce Sterling et William Gibson écrivent *La Machine à différences*, il n'est pas étonnant d'y voir des préoccupations sociales et politiques qui se manifestaient déjà dans les romans de science-fiction cyberpunk. Ce discours politique s'est souvent aseptisé ces dernières années, à mesure que le steampunk rencontrait de plus en plus de succès dans la littérature *young adult*[9].

---

[8] Ann et Jeff VanderMeer, *Steampunk*, Tachyon, 2008.
[9] Le terme, parfois abrégé en YA, décrit dans le monde de l'édition une tranche du lectorat entre quinze et trente-cinq ans. Elle fait le lien entre la littérature jeunesse et celle destinée aux adultes.

Le steampunk, et après ?

Le steampunk souffre de ne pas avoir de définition stricte, de manifeste qui écarterait telle œuvre ou telle représentation en posant des règles claires. Il a des contours flous et poreux. Le mouvement a ainsi grandi en notoriété et en adeptes ; il s'est démocratisé sans jamais être normé autrement que par l'usage. Il est devenu pour certains un terrain trop vaste pour ne pas être sous-divisé, sous-catégorisé pour inventer des microgenres. Certains termes sont du pur snobisme, issues d'une certaine nostalgie d'une époque où les vaporistes n'étaient qu'une poignée. D'autres nous semblent aujourd'hui assez pertinentes pour pouvoir être utilisées sans tomber dans la pédanterie. Ce petit lexique vous sera utile pour comprendre les prises de bec qui agitent régulièrement les forums et sites parlant de steampunk :

- *Gaslamp fantasy* : quasiment pas de science-fiction mais du merveilleux, de la magie, des fées et autres créatures fantastiques. Grâce au steampunk, l'uchronie se mélange au merveilleux pour un résultat assez étonnant. Le terme a d'abord été créé pour définir ce qu'était le *comics Girl Genius* et son mélange de magie et de science. En France, le diptyque d'*Ambremer* de Pierre Pevel pourrait aisément tomber sous cette définition. D'une manière plus large, on peut parler d'une version restrictive de l'*urban fantasy*, qui mélange mondes urbains et créatures merveilleuses.

- Dieselpunk : l'action se déroule entre 1920 et 1950. Elle est bien évidemment largement rétro-futuriste et tire ses influences aussi bien du côté de l'expressionnisme allemand, du film noir, des *pulps* et des *serials*. Pour faire simple : Indiana Jones, le *Rocketeer*, *Sky Captain et le monde de demain* (2004), *Captain America* (2011).

- Atompunk : un monde post-apocalyptique qui se situerait dans les années 1950. La série de jeux vidéo *Fallout* en est le parfait représentant.

Quel futur pour le steampunk ?

Le jeu de la prospective est assez risqué, vous en conviendrez. Qui aurait dit que la blague de trois jeunes écrivains californiens dans les années 1980 deviendrait une esthétique développée, recoupant aussi bien les arts plastiques que la littérature, la musique que la bande dessinée ?

Pendant une vingtaine d'années, le steampunk a lentement grandi, se déployant d'œuvre en œuvre. Au tournant des années 2010, le steampunk a soudainement donné l'impression d'exploser. C'est une évolution normale, l'explosion n'étant pas due au steampunk, mais au fait qu'il a atteint une masse critique de personnes s'en revendiquant. À partir de là, les choses se sont accélérées à mesure que de convention en convention sont apparus de plus en plus de vaporistes aux costumes magnifiquement décalés et ouvragés.

Nous sommes passés d'un âge d'or qui a été celui des premiers romans steampunk, où le genre tourbillonnait dans une explosion créative, où les textes étaient souvent provocants, iconoclastes, amusants et pleins d'invention à ce qu'on pourrait appeler l'âge du cuivre. Un âge où le steampunk devient majoritairement plus sage, les textes moins punks et plus portés sur la seule esthétique rétro-futuriste.

Nous en sommes là. Il ne reste plus qu'une marche à gravir pour que le grand public connaisse le steampunk. Nous en sommes très proches. Il ne manque qu'une œuvre qui s'impose. Et la vague redescendra probablement peu de temps après.

Mais nous ne voyons pas le steampunk disparaître. Il ne demande après tout qu'à être réinventé.

2
STEAMPUNK & LITTÉRATURE

La genèse d'un mouvement littéraire

Le steampunk est un éternel retour. Il crée des formes nouvelles en gardant fermement ses racines dans le passé, dans la littérature et les arts qui lui ont donné naissance, ceux de la fin du XIXe siècle.

Que ce soit du côté de l'Angleterre victorienne, édouardienne ou de la Belle Époque française, le bouillonnement artistique, culture et social est sans précédent. Notre modernité est en train de naître alors que l'Empire britannique est sur le déclin et que les nations européennes sont sur le point de s'affronter dans les tranchées boueuses de la Marne en 1914.

La science-fiction surgit entre les écrits de plusieurs auteurs. Aux États-Unis, Edgar Alan Poe publie en 1844 un canular, *Le Canard au ballon*, qui raconte la vaillante traversée de l'Atlantique en montgolfière en seulement trois jours d'un certain Monck Mason jusqu'à son arrivée à Paris.

Le *Frankenstein* (1818) de Mary Shelley est considéré comme le premier récit de science-fiction. À travers l'aventure de ce « Prométhée moderne », elle fait du personnage du scientifique le héros malheureux d'une quête de savoir et de liberté. Fait nouveau, la science est au cœur du récit et elle se trouve liée à une éthique morale. Bien plus tard, Herbert George Wells (1866-1946) pose de nombreux motifs qu'explorera par la suite la science-fiction pendant des décennies : *La Machine à explorer le temps* (1895), *L'Homme invisible* (1897) et bien évidemment *La Guerre des mondes* (1898). N'oublions pas enfin Jules Verne (1828-1905) à la prolifique carrière dont les « Voyages extraordinaires » sont autant de classiques. Ils représentent au total soixante-deux titres regroupés en quarante-sept volumes : *Voyage au centre de la Terre* (1864), *Vingt mille lieues sous les mers* (1870) et *Le Tour du monde en quatre-vingts jours* (1873).

Quant au mot anglais *science-fiction*, il apparaît en janvier 1927, dans le magazine *Amazing Stories*[10], au détour de la phrase : « Remember that Jules Verne was a sort of Shakespeare in science fiction. » Cela est presque trop beau : dans la même phrase Jules Verne et la naissance de la science-fiction en tant qu'entité identifiable…

Autant d'auteurs dont le steampunk saura se souvenir. Jules Verne aurait dit de H. G. Wells : « Je me sers de la science, il l'invente. » Cette tension entre la spéculation scientifique et l'imagination prospective est au cœur même du steampunk. Ce dernier mélange aussi bien des influences issues de la science-fiction que d'autres, plus diffuses, venant de la *fantasy*, du policier, du fantastique. Le steampunk est une forme libre en ce qu'il n'impose aucune contrainte formelle.

Il suffit pour s'en convaincre de continuer à explorer les multiples ramifications de ses racines. Avec, par exemple, ces textes méconnus et révélés par le critique John Clute : les Edisonades. Ces récits populaires racontaient les aventures de Thomas Edison[11] (1847-1931) ou celles d'un jeune scientifique américain dont l'esprit d'invention le sortait de toutes les situations, aussi désespérées soient-elles. On peut

---

[10] Fondé aux États-Unis par Hugo Gernsback en 1926, le titre contribuera à populariser la science-fiction naissante.
[11] La figure d'Edison n'est que peu utilisée en steampunk. On lui préfère celle de son rival, le plus étonnant et éclectique Nikola Tesla (1856-1943).

penser également à Edward S. Ellis qui a écrit un modèle particulièrement copié en son temps, *The Steam Man of the Prairies* (1868), où un jeune inventeur s'enfonce vers la frontière américaine à bord de son véhicule robotique à vapeur, pour y porter la science et la bonne parole de l'homme blanc !

Nous pouvons enfin voir d'autres influences dans le roman gothique anglais qui s'est développé durant le XVIIIe siècle pour s'épanouir de plus belle sous la forme du roman fantastique, dans un vaste mouvement allant d'Ann Radcliffe au *Dracula* de Bram Stoker. Le steampunk peut également puiser dans les motifs des châteaux hantés par de nocturnes et inquiétantes créatures pour finir par confronter le monstre à la machine. Il n'est pas borné dans sa capacité d'absorption. Des figures de l'horreur, comme le zombie, apparaissent dorénavant dans des romans steampunk, aux côtés du vampire et de dirigeables.

Le proto-steampunk

Nous désignons par le terme de proto-steampunk ces romans qui auraient pu être steampunk, qui auraient pu créer le steampunk… si seulement le mot avait existé au moment de leur publication ! Hasard ? Manque de chance ? Incompréhension du public de leur profonde originalité ? Ces textes ont été publiés alors que la science-fiction explorait résolument le futur, dominait le marché et ne leur laissait pas de place. Ils ont été vus comme des fictions victoriennes irrévérencieuses, amusantes et parfois délicieusement rétro. Ce que l'on n'a pas perçu alors, c'est que ces mêmes textes étaient en train de poser les bases d'une modernité et que – loin d'être de nostalgiques passades – ils annonçaient une révolution à venir.

Bien sûr, il est toujours aisé de retracer une telle histoire après les faits et il est certain que nul ne pouvait prévoir l'émergence du rétro-futurisme, pas plus que nous sommes en mesure d'en annoncer le devenir.

En 1962, Keith Laumer publie *Les Mondes de l'Imperium* – ses trois suites, *The Other Side of Time* (1965), *Assignment in Nowhere* (1968) et *Zone Yellow* (1990) sont restées inédites en français – qui raconte les aventures du diplomate Brion Bayard, kidnappé par des agents de l'Imperium pour être emmené dans un monde parallèle. Brion se trouve plongé dans une réalité différente où la révolution américaine n'a jamais eu lieu et où l'Angleterre domine le monde. La technologie y est victorienne tout en étant futuriste.

En 1967, Ronald W. Clark écrit *Queen Victoria's Bomb* qui, comme son titre l'indique, raconte la fabrication d'une bombe nucléaire à l'époque victorienne. Le roman explore les problèmes moraux que pose un tel engin de destruction massive et se sert du cadre victorien afin d'introduire un regard différent sur de telles problématiques. Le texte se situe clairement encore du côté de l'uchronie et pas encore en territoire steampunk.

Ce qui n'est pas le cas du roman d'Harry Harrison, *A Transatlantic Tunnel, Hurrah!* (1973). On y suit les aventures d'un groupe d'ingénieurs en train de superviser la construction d'un tunnel entre la Grande-Bretagne et les colonies américaines. Sur un mode plaisant, multipliant les péripéties et les inévitables complications amoureuses, nous suivons les aventures de sir Isambard Brassey-Brunel. Ce dernier est un descendant de Isambard Kingdom Brunel et c'est là que nous voyons poindre le steampunk parce que ce Brunel-là a réellement existé : au terme d'une éblouissante carrière, il a travaillé sur des ponts, des bateaux à vapeur, le premier tunnel sous la Tamise et constitue une figure incontournable de l'habileté technologique victorienne. Avec ce personnage, se manifeste non plus simplement un travail sur l'histoire, une démarche uchronique, mais une façon de s'approprier un imaginaire afin d'en extraire une substance qui nourrit la fiction. L'uchronie devient intertextuelle.

En 1971, Michael Moorcock écrit *Le Seigneur des airs* et, cette fois, le steampunk est en train de naître. Ce roman, et ses deux suites *Le Léviathan des terres* (1974) et *Le Tsar d'acier* (1981), constituent une étape majeure vers l'approche du steampunk. Comme dans le roman de Keith

Laumer, le personnage principal se trouve projeté dans un autre monde, un monde uchronique où l'Empire britannique a continué à prospérer parce que la Première Guerre mondiale n'a jamais eu lieu. Comme chez H. G. Wells, la charge politique est présente. Moorcock aborde les questions de l'impérialisme, de la colonisation, du racisme, mais aussi des excès anarchistes et des risques du socialisme. Nous sommes en présence de romans uchroniques, référentiels, mêlant personnages de fiction et personnages historiques, le tout dans un récit empruntant à la science-fiction… Autant dire que si on devait déterminer qui a véritablement créé le steampunk, Michael Moorcock serait à nos yeux un prétendant sérieux. Toutes les caractéristiques du genre sont présentes !

Un autre livre aurait pu lancer le steampunk : il s'agit de *La Machine à explorer l'espace* de Christopher Priest (1976). Là encore, nous retrouvons toute la boite à outils steampunk. Le roman se promène entre les lignes des textes d'H. G. Wells, mêle littérature et personnalités réelles, s'inscrit dans la lignée du roman populaire dont il utilise les formes en les intégrant dans un récit de science-fiction moderne et enfin se déroule dans un cadre victorien…

Nous n'avons pas de réponse pour expliquer pourquoi ces livres, s'ils ne sont pas totalement passés inaperçus au moment de leur publication, n'ont pas eu le retentissement qu'aura *Les Voies d'Anubis* quelques années plus tard. Une hypothèse est que, à l'époque où ils étaient publiés, personne n'avait de nom pour les désigner… et cela change tout parce que pouvoir nommer c'est faire sien, identifier et reconnaître.

En tout cas, leur existence seule indique que la naissance du steampunk n'est pas une coïncidence ou un hasard heureux. Que des auteurs anglais, puis des auteurs américains, explorent les mêmes directions pour produire les mêmes effets prouve indubitablement que le steampunk devait naître. Toutes les conditions étaient réunies pour que *quelque chose* se passe.

La seule question était de savoir où et quand.

Et quel nom lui donner.

La naissance du steampunk

Remontons dans le temps. 1983 : Bruce Bethke écrit une nouvelle intitulée « Cyberpunk ». Mais c'est avec le roman de William Gibson, en 1984, *Neuromancien*, que le cyberpunk explose. Des auteurs comme Bruce Sterling, Rudy Rucker, Lewis Shiner définissent une nouvelle forme de science-fiction. Le discours y est radical : de gigantesques corporations capitalistes dominent le monde. Les humains peuvent se plonger dans le réseau, grâce à des connexions cybernétiques ou des drogues. Le combat pour la liberté se déplace dans les mondes virtuels.

Musique, rock, punk, drogue, aliénation des masses, polar, sexualité… les romans cyberpunk bousculent les règles et parlent directement à la jeunesse des années 1980.

À la même époque, trois jeunes étudiants californiens, des auteurs en devenir, sont amis avec Philip K. Dick. Dick avait rencontré K. W. Jeter au début des années 1970, quand on lui avait présenté le manuscrit de son premier roman, *Dr. Adder*. Par la suite, il avait sympathisé avec James Blaylock et Tim Powers et leur servait d'aimable mentor.

Les trois hommes s'aidaient les uns les autres, se conseillaient sur leur manuscrit, échangeaient de bons tuyaux. Ils publient leurs premiers romans, qui ne se font pas particulièrement remarquer. Néanmoins, ce sont des amateurs de littérature anglaise, des connaisseurs de Dickens, Robert Louis Stevenson et P. G. Wodehouse et ils avaient l'idée d'écrire des histoires à la manière d'un H. G. Wells et d'un Jules Verne, en leur donnant un cachet rétro-futuriste. Jeter connaissait le livre d'Henry Mayhew, *London Labour and the London Poor*, publié en 1840, une chronique de la vie des pauvres, des mendiants, des prostituées, soit toute la faune qui survivait dans les quartiers oubliés de Londres. Tout y est présent : les vêtements, les coutumes, les manières de parler, les chansons…

Le trio se plonge dans le livre et y pioche des détails historiques, toute une matière qui leur donne accès à un monde oublié, perdu et presque exotique. K. W. Jeter a l'idée de fusionner ses notes avec le roman d'H. G. Wells, *La Machine à explorer le temps*. En 1975, Roger Elwood, directeur de collection chez Laser Books, envisage une collection reprenant le personnage du roi Arthur se réincarnant à chaque volume à un moment différent de l'histoire occidentale. Il veut embaucher les trois hommes. Mais la collection ne voit jamais le jour. Nos trois auteurs n'ont pas d'autre solution que de prendre leurs manuscrits et de les retravailler afin de trouver d'autres éditeurs. Et c'est exactement ce qui arrive. Dans *Morlock Night* (1979), Jeter imagine que les Morlock de Wells ont fini par s'emparer de la machine de l'explorateur temporel et qu'ils reviennent envahir Londres. Powers écrit *Les Voies d'Anubis* en 1983 et James Blaylock *Homunculus* en 1986. Le steampunk vient de naître.

K. W. Jeter enfonce le clou avec *Machines infernales* (1987). Il y apporte une nouveauté essentielle : en effet, il avait visité Londres entre-temps et avait pu ainsi découvrir de multiples ustensiles victoriens chez les antiquaires. Il avait été fasciné par ces objets mélangeant le bois et le cuivre. C'est cette même fascination qu'il a voulu retranscrire dans son roman. Ensuite, pour lui, c'en est fini du steampunk. Et ce n'est que vingt-cinq ans plus tard, en 2013 qu'il y reviendra en en écrivant la suite, *Fiendish Schemes*.

James Blaylock est le premier à avoir publié une nouvelle steampunk, « The Ape-Box Affair » en 1978. Nous y voyons apparaître le personnage de Langdon St. Ives, tout à la fois scientifique, aventurier et *gentleman*. En 1984, il écrit *The Digging Leviathan* où apparaît déjà le goût de Blaylock pour les métafictions. En outre, ses textes sont souvent débridés : l'humour, le rythme, les personnages originaux et hauts en couleur l'emportent souvent sur l'intrigue pour le plus grand plaisir du lecteur. Avec *Homunculus* (1986), il mélange un peu plus les formes et les genres. En effet, ses personnages récurrents sont toujours caractéristiques d'une certaine tradition du roman populaire. Langdon St. Ives et l'infâme Dr. Ignacio Narbondo poursuivent leur lutte à travers le monde à travers une série de romans qui sont ouverts aux influences – on ne peut que penser à Jules Verne en lisant *Lord Kelvin's Machine* (1992) – et qui peuvent aussi bien tendre vers le merveilleux scientifique que la *fantasy*.

Présenté comme un roman classique steampunk, *Les Voies d'Anubis* (1983) de Tim Powers peut surprendre aujourd'hui le lecteur qui voudrait y trouver un modèle pour tous les romans steampunk contemporains. Certes, on y trouve le voyage temporel, mais aussi de la magie, des loups-garous et de la grande aventure… Le livre est peut-être le plus traditionnellement construit de ceux du trio. L'intrigue y est claire et rondement menée. Par contre, point de technologie rétro-futuriste décalée : la part d'imaginaire y est supérieure à celle de l'uchronie. Le roman, récompensé en 1983 par le Philip K. Dick Award puis 1984 par le Science Fiction Chronicle Award est un véritable succès éditorial.

Est-ce tout ? Quasiment, oui. Il y eut la lettre à *Locus* et le steampunk pouvait commencer à être inventé de nouveau. Cela a lieu en 1990 quand, Bruce Sterling et William Gibson – deux des pères fondateurs du cyberpunk – produisent leur propre roman steampunk, *La Machine à différences*. Le roman est un mélange assez passionnant entre des thématiques propres à la science-fiction cyberpunk et l'esthétique steampunk. La machine à différences du titre est celle de Charles Babbage, qui aurait été, si elle avait été construite, le premier ordinateur. Le roman imagine que la machine a été construite et pose un décor qui explore la manière dont la société, sous toutes ses facettes, a pu être modifiée par elle. Nous retrouvons de nombreuses figures historiques dont l'existence a par conséquent pris des directions bien différentes dans cet effet de dominos qui est un des charmes de l'uchronie : changez un paramètre historique, biographique ou social et tout peut être à la fois très semblable et très différent… La fin du roman est à ce titre exemplaire de la démarche des auteurs en ce qu'elle constitue un retour vers la science-fiction, peut-être comme une façon de proclamer ironiquement la supériorité du genre sur le steampunk.

Entre-temps, le trio fondateur s'est éloigné du steampunk. Seul James Blaylock a continué, de loin à loin, à publier quelques nouvelles et romans s'y rattachant. Les trois hommes n'ont pas voulu créer un genre. Ils n'ont pas voulu créer une école. Ils sont donc passés à autre chose, en nous laissant quelques textes et un nom.

Car c'est le fait de pouvoir nommer – et par conséquent s'approprier la chose – qui marque véritablement la naissance du steampunk. C'était une boutade de Jeter ? Qu'importe ! Il nous est maintenant possible d'identifier de nombreux romans et d'avoir désormais un repère sur lequel nous baser. Le mot steampunk en lui-même n'a pas de sens ? Ce n'est pas grave. On peut comprendre ce qu'il désigne, en apprécier les contours et en déterminer les limites.

La naissance du steampunk français

Au tournant des années 2000, la France découvre enfin le steampunk. On en parlait déjà beaucoup dans les revues et dans les fanzines. La sortie des *Voies d'Anubis* avait été un beau succès éditorial. Mais on ne peut pas dire que nous attendions la venue du steampunk français. D'une certaine façon, nous ne l'envisagions tout simplement pas. Ce qui explique, rétrospectivement, combien sa découverte a pu être enthousiasmante.

Les éditions Mnémos sont alors encore une jeune maison et ses auteurs plus ou moins débutants. Beaucoup ont déjà fait leurs armes dans la sphère du jeu de rôle, d'autres font leurs gammes en attendant leur moment.

Bohème de Mathieu Gaborit est le premier roman à paraître. Son cadre bolchévique uchronique dessine une Europe nouvelle, comme un lointain écho des textes de Moorcock. La présence de l'Écryme, substance aussi mystérieuse que puissante, est au cœur du récit. L'Écryme, ses brumes corrosives que seules de gigantesques voies ferrées peuvent parcourir, ne met pas seulement un cadre narratif en place : elle pose et définit un imaginaire.

En 1998 paraît *Les Cantiques de Mercure*, deuxième roman de Fabrice Colin ; la même année, c'est le cycle de *La Bibliothèque Noire*, avec le premier roman d'Hervé Jubert, *Le Roi sans visage*. Les deux auteurs travaillent l'uchronie, avec Venise pour l'un et Paris, au XIXe, pour l'autre. Leur originalité est leur volonté de dépasser le cadre uchronique en travaillant la même matière intertextuelle : la fiction et la fiction autour de la fiction sont abordées dans un même mouvement. Bien sûr, ce n'est pas encore du steampunk, il manque encore des composantes, mais la mécanique est bel et bien présente dans le paysage éditorial français.

Le risque dans une telle promenade à travers les différentes parutions est de penser qu'il y aurait eu un plan qui expliquerait une telle naissance en France, un tel ensemble d'auteurs qui, pendant un temps limité, sont tous allés dans une direction similaire. Il n'en est rien. Simplement, toutes les composantes étaient prêtes pour que les idées qui flottaient dans l'air, les envies, les inspirations, l'ensemble des processus qui précèdent la création, amènent à l'apparition du steampunk francophone. Prenons l'exemple du premier livre de David Calvo, *Delius, une chanson d'été* (1998) qui ne prend la forme d'un roman d'enquête que pour mieux la détourner au profit d'un imaginaire en pleine liberté, au service d'un style assez virtuose et d'une poésie toute personnelle.

En 1999, les troupes sont en ordre de bataille. *Confessions d'un automate mangeur d'opium*, roman écrit à quatre mains par Fabrice Colin et Mathieu Gaborit, arbore un impressionnant « STEAMPUNK » qui barre la couverture de sa première édition. Les éditeurs cherchent à s'adresser à un nouveau public, en poussant en avant une nouvelle étiquette. Notons en passant que ce problème éditorial est toujours actuel : comment commercialiser un livre steampunk ? Comment donner au libraire l'envie de lui laisser une chance sans qu'il n'achève sa course coincé entre les rayons réservés à la science-fiction et la *fantasy* ?

En 1999, l'éditeur Fleuve Noir affirme sur la quatrième de couverture de *L'Équilibre des paradoxes* de Michel Pagel qu'il s'agit du « premier grand roman steampunk écrit par un français ». À l'instar des *Voies d'Anubis*, le récit s'appuie sur le voyage temporel pour inventer une réalité uchronique où nos héros ont bien du mal à affronter aussi bien leurs multiples ennemis que le décalage temporel qui bouleverse leur culture. Le problème est que le roman tient plus du roman rétro-futuriste que du pur steampunk, ce qui fait que la promesse de l'éditeur était un peu excessive.

L'anthologie dirigée par Daniel Riche, *Futurs antérieurs* (Fleuve Noir), est la dernière tentative pour lancer le steampunk en France de façon massive. Elle souffre de la maîtrise inégale de ce qu'est le steampunk par ses auteurs. Certains textes tendent plus vers l'uchronie stricte et négligent la part d'humour, de décalage et de fantaisie que demande le steampunk.

Le roman de Johan Heliot *La Lune seule le sait* (2000) marque véritablement l'acte de naissance du steampunk francophone. Il n'est pas forcément le meilleur roman du lot, il n'est certainement pas le premier, mais il est surtout celui qui – pour la première fois – arrive à faire un roman qui ne soit pas seulement un roman steampunk, mais un roman steampunk français.

En effet, la part de science-fiction est présente avec les extraterrestres qui ont bouleversé l'histoire de France, et par extension celle du monde. Mais cette science-fiction bénéficie d'un traitement rétro-futuriste. Leur technologie n'est jamais réellement expliquée. La part uchronique naît de ce formidable événement. Heliot se fait punk quand il s'empare des personnages de Jules Verne Victor Hugo pour lancer son intrigue. L'intuition d'Heliot est justement de travailler non pas un imaginaire voisin, mais de revenir aux sources de notre propre fiction spéculative.

Alors, bien sûr, il est possible de bâtir une rêverie autour du Londres victorien. Mais après *La Lune seule le sait*, nous savons qu'il est possible de faire muter le steampunk, de le fondre dans un autre imaginaire pour en sortir du nouveau.

Soyons provocants et un peu punk !... D'une certaine façon, le steampunk réussit à faire ce que la science-fiction ne parvient pas à réaliser. Par un héritage culturel façonné par le cinéma américain, nous nous attendons plus à voir des robots géants se battre dans les rues de New York que dans celles de Paris. Avec le steampunk, cette image étonnante fonctionne, les robots peuvent prendre d'assaut la tour Eiffel, comme s'il fallait une distance temporelle pour que nous puissions investir notre propre imaginaire et bâtir une rêverie autour.

La bande dessinée avait déjà résolu cela depuis longtemps et même avec une certaine élégance. Il suffit de se rappeler de l'album de Tardi, *Le Vaisseau des glaces*, ou les aventures d'Adèle Blanc-Sec qui exploraient déjà un imaginaire lovecraftien rétro-futuriste. D'ailleurs, comme rien n'apparaît jamais *ex nihilo*, il ne faut pas oublier les écrits de René Réouven, comme *Bouvard, Pecuchet et les savants fous* (2000). De Sherlock Holmes à H. G. Wells, Réouven a déjà exploré les territoires qui nous intéressent d'une façon aussi personnelle qu'originale.

Le steampunk francophone n'allait pas exploser ni devenir un raz-de-marée. Au contraire, pendant la décennie qui suit, les titres se sont succédé régulièrement, qui publiant des traductions de romans anglo-saxons, qui publiant des textes d'auteurs français. Mais le steampunk n'est jamais sorti de la carte et a toujours occupé sa part de territoire.

La nouvelle vague

À la fin des années 2000, une nouvelle vague d'auteurs a repris le flambeau de la littérature steampunk. Ce nouveau souffle annonçant un certain renouveau dans l'approche et dans les thèmes vient principalement des États-Unis.

Dès 2000, nous sentons poindre un nouveau steampunk affranchi de ses origines avec le roman de China Miéville, *Perdido Street Station*, mais c'est vraiment en 2009 qui se situe l'année charnière du renouveau. Trois romans « fondateurs » ont été publiés et acclamés par les lecteurs du monde entier. *Boneshaker* de Cherie Priest, *Léviathan* de Scott Westerfeld et *Sans Âme* de Gail Carriger ont tous trois balisé le nouveau périmètre du steampunk en littérature.

Boneshaker lance l'idée d'un steampunk américain qui se situerait aux États-Unis. Même si le traitement de cet élément n'apporte rien au récit lui-même – Cherie Priest corrigeant le tir dans sa suite, *Clementine* – l'auteur enracine son ouvrage et donc son steampunk dans un décor américain. Tranchant par conséquent radicalement avec l'Angleterre victorienne dont on ne fait pas mention dans le roman.

Léviathan, lui, débride la machine en abordant de nouveaux thèmes issus de la science-fiction comme la manipulation génétique. Le décor historique est lui aussi important : la Première Guerre mondiale n'était pas jusqu'alors considérée comme steampunk par le lectorat américain. Avec cette trilogie, Scott Westerfeld a connu un succès mondial.

Sans Âme revisite l'*urban gaslight* en mettant de côté la machine pour ne se concentrer que sur la lutte des classes du XIXe siècle victorien grâce à l'introduction de créatures fantastiques. *Sans Âme* introduit un personnage aujourd'hui archétypal dans le steampunk, la jeune femme désirant s'affranchir de sa condition, personnage qui aura un grand succès dans la littérature de *romance*[12] steampunk. Là encore, la série de romans est traduite dans le monde entier et on parle d'une adaptation télévisée.

Quoi de neuf avec ces trois récits, pourriez-vous demander ?

Ils sont chacun un pur produit de la communauté steampunk dans son acceptation la plus large. Ces livres sont apparus au moment où le mouvement devenait mondial.

Après eux, de nouveaux auteurs apparaissent. Ils n'ont pas forcément lu ni le proto-steampunk ni les pères fondateurs, mais ils puisent leur inspiration dans le genre lui-même. Cela a entraîné une focalisation de certains auteurs sur l'esthétique, opérant ainsi un retournement (et par la même occasion un appauvrissement) du sujet lui-même. De plus, ils sont en partie influencés par leurs échanges avec la communauté, notamment par le biais des réseaux sociaux et des plateformes web 2.0 sur lesquels ils sont fortement présents.

Ces trois ouvrages ont aussi lancé un signal fort à la communauté. Émancipez-vous. Alors que la littérature s'était un peu endormie, il était désormais possible de créer, d'écrire des romans steampunk en ayant une bonne histoire et un cadre qui « sonne » steampunk.

---

[12] Cet anglicisme désigne des romans sentimentaux anglo-saxons contemporains.

3
GUIDE
DE LECTURE

Au XIXᵉ siècle

Herbert George Wells (1866-1946)

En tant qu'écrivain socialiste, H. G. Wells était le premier sur la liste des intellectuels que les S. S. avaient prévu d'exécuter après l'invasion de l'Angleterre… La seule liste de ces titres doit suffire pour évoquer la puissance de ses romans : *La Machine à explorer le temps* (1865), *L'Île du docteur Moreau* (1895), *L'Homme invisible* (1897) et *La Guerre des mondes* (1898) sont autant de classiques. Mais comme tous les classiques, nos souvenirs sont parfois teintés par les diverses adaptations, plus ou moins fidèles, que l'on a pu voir au fil des années.

L'apparition de Wells coïncide avec le déclin de Verne, comme une sorte de passage de flambeau cruel, les deux hommes refusant toutes comparaisons entre eux.

Nous vous recommandons de vous plonger régulièrement dans les romans de Wells, afin d'entendre cette voix si originale, quand il exprime son inquiétude sur la bombe atomique (*La Destruction libératrice*, 1914), sur la direction que doit prendre le futur (*The Shape of Things to Come*, 1933) ou quand il prend le chemin de l'utopie (*M. Barnstaple chez les hommes-dieux*, 1923).

Le mélange entre prospection scientifique et vision humaniste a abouti chez Wells à un engagement politique de plus en plus marqué. Il n'en est pas moins certain que le succès de ses premiers romans a fait de l'ombre à ses travaux ultérieurs, où s'exprime avec tout l'art du conteur qu'on lui connaît un pessimisme de plus en plus lucide sur l'homme et sa destinée.

Listes d'adaptations notables :
- *Things to Come*, 1936, Alexander Korda
- *Wars of the World*, 1936, Orson Welles
- *L'homme invisible*, 1933, James Whale

H. G. Wells n'a jamais été pleinement satisfait par ces adaptations cinématographiques, les jugeant en deçà de ses romans. Du canular radiophonique d'Orson Welles au triomphe que rencontre *L'homme invisible* lors de sa sortie en salle, Wells a toujours eu du succès.

- *La Machine à explorer le temps*, 1960, George Pal
- *La Guerre des mondes*, 1953, Byron Haskin
- *Guerre des mondes*, 2005, Steven Spielberg

La plasticité de l'œuvre de Wells est remarquable. Entre la pseudo (et délicieusement kitch) reconstitution de George Pal jusqu'à la métaphore du 11-Septembre que propose Steven Spielberg, nous avons des adaptations toujours très libres, parfois menteuses et souvent décevantes, mais – et nous ne chercherons pas à expliquer le paradoxe – toujours mémorables. Notre préférence va à la version de George Pal, ne serait-ce que pour la sublime création de la machine à explorer le temps.

JULES VERNE (1828-1905)

Jules Verne est l'inspiration incontournable et indissociable du mouvement. Le fait qu'il revienne sans cesse ne doit pas étonner : il est l'auteur français le plus traduit au monde à ce jour. La force de ses représentations, son incroyable talent pour extrapoler la science de son époque et enfin l'impact de la représentation de son *Nautilus* par Disney l'ont définitivement lié aux vaporistes.

L'écrivain nantais a eu une vie consacrée à l'écriture, dédiée à la création d'une œuvre aussi riche que variée. Le succès de ses romans en fait un classique parmi les classiques. Mais il reste cantonné dans nos librairies à la littérature jeunesse alors que son propos dépasse souvent, en qualité littéraire et en ambition, la simple distraction à valeur éducative. Ce n'est qu'en 2012 que certains de ses *Voyages extraordinaires* ont été édités dans la Pléiade, dans un mouvement de reconnaissance que mérite bien celui pour qui les portes de l'Académie restèrent fermées.

À onze ans, le petit Jules aurait fugué afin de rejoindre les Indes et retrouver une cousine dont il était amoureux… Entre légende et réalité, l'anecdote fait de Verne un homme destiné au voyage. Quand, en 1863, l'éditeur Hetzel publie son premier roman, *Cinq semaines en ballon*, qui aurait eu l'intuition que Verne deviendrait l'un des auteurs français les plus lus et les plus connus au monde ? Pendant quarante ans, Verne a travaillé à ses « Voyages extraordinaires », dépassant la soixantaine de volumes.

Avec Verne, nous sommes dans notre patrimoine et connaissons tous les titres de ses livres (sans forcément les avoir lus, bien entendu) : une simple énumération est comme une promesse d'heures d'évasions et de plaisir. *Le Tour du monde en quatre-vingts jours* (1873), *Michel Strogoff* (1876), *De la Terre à la Lune* (1865), *Vingt mille lieues sous les mers* (1870), *Robur le conquérant* (1886). Lire Verne aujourd'hui c'est accepter de se laisser guider par une poésie des mots, une vision du monde et de la force de l'écriture, qui embarque. On se moque de certaines descriptions de Verne, mais on s'en souvient et on les aime quand même.

La puissance de Jules Verne tient aussi au fait que ce n'était pas un devin, mais bel et bien un immense vulgarisateur, capable d'avoir l'intuition de l'évolution possible d'une science ou d'une technique. Le *Nautilus* n'aurait pas pu être construit avec la seule technologie du XIXe siècle : la force de Verne est d'avoir imaginé comment cela serait possible, en développant à peine la science de son temps.

Jules Verne est aussi incroyablement contemporain dans sa réflexion sur le devenir de l'Humanité. En témoigne *Vingt mille lieues sous les mers*, ses revendications humanistes et sa volonté de préservation de la nature.

Listes d'adaptations notables :

La liste est très, très longue ! Jules Verne a été adapté sur les tous les supports, tous les arts, tous les médias. Si vous voulez une preuve de l'importance de son œuvre, il n'y en a pas de meilleure.

Le maître étalon est certainement *Vingt mille lieues sous les mers* (1954) de Richard Fleischer, pour Disney. Ce n'est pas le premier film adapté de Verne, Georges Méliès en avait déjà fait une version en 1907, en couleur, la pellicule étant coloriée à la main après son célèbre *Voyage dans la Lune* (1902). Mais le *Nautilus*, qui ne ressemble que peu à son modèle littéraire, l'interprétation inspirée de James Mason et Kirk Douglas, le spectaculaire des scènes d'action sont autant de moments mémorables, de puissants souvenirs cinéphiliques.

Une nouvelle version du film est en préparation, réalisée par David Fincher, avec Brad Pitt.

En 2009, Sydney Bernard a produit et monté une adaptation du roman très inventive et ludique pour le théâtre[13]. À ne manquer sous aucun prétexte.

---

[13] Site Internet : http://www.20000lieuessouslesmers.fr/
Sydney Bernard a également adapté un autre classique de la science-fiction du XIXe siècle, *La Machine à explorer le temps* de H. G. Wells (http://www.lamachineaexplorerletemps.fr/)

Des auteurs à lire

La littérature du XIXᵉ est loin de se résumer à H. G. Wells et Jules Verne. Il en est de même pour les influences dont les auteurs steampunk peuvent se prévaloir. Voici quelques textes qui pourront vous donner une vision de ce qu'était la science-fiction ancienne, à l'époque où imaginer le futur était tout sauf rétro.

Les auteurs sont présentés par ordre alphabétique.

Romans
- G. K. Chesterton (1874-1936)

Le Nommé Jeudi (1908) est un roman absolument magnifique, qui risque de vous faire changer d'avis concernant la notion même de classique. Vif, drôle et impertinent, Chesterton est une voix unique. Les amateurs de romans policiers peuvent se pencher sur sa série des aventures du père Brown.

- Charles Dickens (1812-1870)

Immense statue indéboulonnable, Charles Dickens est aussi bien un auteur qui porte un regard incisif sur son temps qu'un écrivain accessible et captivant. De *Oliver Twist* (1831) à *De grandes espérances* (1861), son œuvre embrasse le siècle et constitue une référence indispensable.

- Arthur Conan Doyle (1859-1930)

Les amateurs de Sherlock Holmes ont été parmi les premiers à développer tout un imaginaire autour des aventures du plus célèbre des détectives. Mythe littéraire, Holmes est entré dans la légende, sans que les multiples adaptations (théâtrales, cinématographiques et télévisuelles) n'aient réussi à épuiser le plaisir de la lecture de ses textes.

- Émile Driant (1855-1916)

Les romans de Driant – signé de son pseudonyme Danrit – partent du modèle vernien pour raconter, expliquer, montrer les idées politiques et militaires de leur auteur. La France immortelle et son Empire colonial sont au cœur des récits et la technologie y est toujours exploitée. Tout est dit dès sa première trilogie, au titre explicite : *La Guerre de demain*, parue à partir de 1892.

- H. P. Lovecraft (1890-1937)

Le reclus de Providence et son mythe de Cthulhu. Bien qu'âgé seulement d'une dizaine d'années lors du passage au XXe siècle, son influence considérable dépasse le steampunk et touche aussi bien à la science-fiction qu'au fantastique et à l'horreur. Il tend peut-être à tort à être pris comme une influence majeure du steampunk, à moins de considérer l'influence de la dichotomie entre science et superstition ou bien encore la figure du savant fou/occultiste prêt à tous les sacrifices pour obtenir un peu de la sagesse (sic) des Grands Anciens.

- Edgar Allan Poe (1809-1849)

À l'origine de l'un des premiers canulars scientifiques, l'écrivain est souvent cité comme une influence du steampunk par la critique américaine. Une anthologie *Steampunk: Poe* (2011) a repris nombre de ses textes comme *Double Assassinat dans la rue Morgue* (1841) ou *Le Masque de la Mort Rouge* (1842).

- Mary Shelley (1797-1851)

Brian Aldiss a émis l'idée que son roman *Frankenstein* (1818) était à l'origine de la science-fiction et lui a rendu hommage dans son *Frankenstein délivré* (1973). Le succès du livre est tel qu'il éclipse le reste de l'œuvre de Mary Shelley qui est parvenue, le temps d'un roman issu d'un cauchemar genevois, à créer un mythe moderne, dans l'ombre duquel nous vivons encore.

- Robert Louis Stevenson (1850-1894)

Ce n'est pas pour *L'Île au trésor* (1883) que nous évoquons ici l'Écossais, mais bel et bien pour la nouvelle « L'Étrange Cas du docteur Jekyll et de M. Hyde » (1886). L'héritage de ce texte est considérable, que vous le considériez comme une métaphore de l'époque victorienne ou comme une lecture psychanalytique. Il invente l'image du scientifique dans son laboratoire fumant et « glougloutant », prêt à tester ses recherches sur lui-même. L'archétype du savant fou steampunk !

- Bram Stoker (1847-1912)

L'œuvre de Stoker ne se résume pas à *Dracula*, loin de là, mais nous sommes ici aussi en présence d'un roman dont l'ombre cache le reste des textes de son auteur. *Dracula* (1897) parvient à s'imposer comme un mythe total, à la fois création d'un monstre inoubliable et monstre littéraire. *Dracula* aborde la confrontation entre superstition et science (chère au steampunk) et importe en littérature des éléments technologiques comme l'enregistrement sonore sur des tubes de cire.

- Mark Twain (1835-1910)

Sa présence ici peut vous étonner si vous ne vous souvenez que des *Aventures de Tom Sawyer* (1876) et sa suite, *Les Aventures de Huckleberry Finn* (1885). N'oubliez pas aussi qu'il est l'auteur d'une vaste somme de témoignages et d'essais. Pensez également à lire son roman, *Un Yankee à la cour du roi Arthur* (1889), une fantaisie satirique sur fond de voyage temporel, à la conclusion plus sombre et plus riche que ce que nous pourrions imaginer.

Témoignages & Essais

De nombreux illustrateurs ont marqué l'histoire des arts du XIXe, nous laissant par leurs travaux le témoignage de la manière dont le siècle se voyait lui-même. Il marque le développement de l'illustration et, par la reproduction automatisée, l'explosion de sa diffusion. La caricature devient un art à part entière tandis que le livre illustré connaît un franc succès. Partez par conséquent à la recherche des œuvres de personnalités aussi diverses qu'Albert Robida, Grandville, Gavarni, Caran d'Ache, Honoré Daumier et Gustave Doré. N'oubliez pas que Rodolphe Töpffer invente le concept de bande dessinée en 1827. Et, de son côté, Nadar photographie la vie parisienne, inspire Jules Verne pour *Cinq semaines en ballon* (1862) et fonde en 1863 la *Société d'encouragement de la navigation aérienne au moyen du plus lourd que l'air* !

Citons également quelques articles, afin de briser à jamais l'impression que la fin du XIXe a été un idéal de vertu et de goût :
- Henry Mayhew, *London Labour and the London Poor* (1840-1851)

Une série d'articles sur la vie des Londoniens, un témoignage de première main sur la vie de la cité et surtout LA source principale de Jeter, Blaylock et Powers, les pères fondateurs du steampunk !

▪ W. T. Stead, « The Maiden Tribute of Modern Babylon » (1885)
Un reportage d'investigation sur la prostitution enfantine dans les bas-fonds londoniens.

▪ Jack London, *Le Peuple d'en bas* (1902)
Un des textes les plus engagés de l'auteur américain qui, loin de *Croc-Blanc*, s'immerge pendant quatre-vingt-dix jours avec les miséreux de l'East End de Londres.

MIKE PERSCHON

Mike Perschon est un universitaire canadien titulaire d'une thèse en littérature traitant du steampunk. Il intervient régulièrement dans des conférences et publie sur le site Tor.com et sur son très érudit blog[14], en anglais.

Existe-t-il une définition précise de la littérature steampunk ?

Pour moi oui. En tant qu'universitaire, je dirais que la littérature steampunk peut être définie précisément. Je sais que c'est un sujet de discorde au sein de la communauté, mais beaucoup de gens contestent l'idée que le steampunk, comme esthétique globale, puisse être défini. Je pense que la littérature est plus simple à définir car nous avons ces artefacts finis, ces corpus de textes comme preuves. C'est pour cela que j'ai étudié la littérature steampunk pour ma thèse, plutôt que la culture steampunk, beaucoup plus volatile.

Quelles en sont les grandes caractéristiques ?

J'ai réussi à isoler trois caractéristiques communes à tous les textes steampunk que j'ai lus ces cinq dernières années : tout d'abord, le « néo-victorianisme » dans sa conception la plus large, qui est l'évocation et non l'imitation du XIXe siècle. Donc quand je parle de néo-victorien, je ne limite pas le steampunk à Londres ou à la Grande-Bretagne, même pas à la Terre, étant donné que beaucoup de récits se passe dans des mondes alternatifs, comme la Bas-Lag de China Miéville. Mais ces mondes alternatifs ont quand même un *look and feel* XIXe siècle. Malheureusement, il n'existe pas de mot englobant vraiment l'idée de « un peu comme au

---

[14] Steampunk Scholar, http://steampunkscholar.blogspot.fr

XIXe siècle, peut-être début du XXe » donc le terme « néo-victorianisme » constitue un raccourci acceptable.

Ensuite, il y a le rétro-futurisme. En gros, l'idée du steampunk est le XXe siècle imaginant comment le XIXe siècle imaginait à son tour le futur. Il est d'ailleurs rarement basé sur les réalités du XIXe siècle, époque durant laquelle la plupart des gens espéraient de meilleurs traitements médicaux plutôt que des pistolets lasers ou des Zeppelins.

Il y a bien sûr des exceptions que j'appelle rétro-futurisme social. Ce dernier regroupe des textes dans lesquels les lecteurs croisent des idées du XXIe siècle, comme les questions égalitaires, mais dans un univers néo-victorien.

Pour finir, il y a la *technofantasy* ou *fantasy* technologique qui a toutes les apparences de la technologie, mais sans aucun lien avec la réalité physique et scientifique. Nous n'avons pas abandonné les Zeppelins à cause de l'explosion du Hindenburg. Nous avons arrêté d'utiliser les Zeppelins, car pour un voyage entre Paris et Londres, il suffisait d'un vent de forte puissance pour détourner le trajet vers Stockholm.

Dans le steampunk, les dirigeables volent vraiment, vraiment bien. Et c'est le cas car l'auteur a inventé un nouveau matériau ou nouveau carburant qui permet au véhicule de faire ce que les Zeppelins ne pourraient accomplir dans le monde réel. Le meilleur exemple apparaît dans *Léviathan* de Scott Westerfeld dans lequel le dirigeable est une baleine volante. C'est génial ! C'est de la *technofantasy* steampunk !

Le steampunk est-il de la science-fiction ?

Parfois. Il y a beaucoup de science-fiction légère dans le steampunk, mais très peu de *hard science-fiction*. Pour faire court, il n'y a que peu de vapeur dans le steampunk. Il y a beaucoup d'éther et d'autres substances inventées et utilisées comme énergie pour faire fonctionner la technologie comme la cavorite inventée par H. G. Wells ou la théorie obsolète de la Phlogistique.

Pour moi, le steampunk est un style que l'on peut relier à la science-fiction, la *fantasy*, les romans sentimentaux ou les westerns. C'est pour cela qu'il est difficile de définir la littérature steampunk en utilisant des procédés narratifs. C'est plus simple de dire que c'est une littérature sur laquelle ont été appliqués le style et l'esthétique steampunk. Ainsi, nous évitons les discussions sur est-ce que ce livre est « vraiment » steampunk ou non. Il vaut mieux se demander, comme l'ont suggéré Cherie Priest et Jess Nevins : « Où est le steampunk dans ce livre ? » ou « Y a-t-il beaucoup de steampunk dans ce récit ? »

Comme ça, pas la peine de se demander si le *Sherlock Holmes* de Guy Ritchie est un film steampunk ou non. On peut analyser en quoi les costumes ont été influencés par la mode steampunk et dire que l'arme apocalyptique à la fin est clairement steampunk dans son design. Je pense que le *Sherlock* de Guy Richie est un James Bond à la sauce steampunk.

Voyez-vous une différence de style ou de sujets entre les pères fondateurs et la vague plus récente de la littérature steampunk ?

La seconde vague de littérature steampunk se prend beaucoup trop au sérieux, contrairement aux livres de la trinité californienne Powers, Blaylock et Jeter. Blaylock est particulièrement fantasque et les seuls auteurs chez qui je retrouve un peu de cette fantaisie sont Gail Carriger, Lev AC Rosen et, en France, Xavier Mauméjean. Le terme « déjanté » correspond assez bien aux pères fondateurs d'une façon que je ne retrouve que très rarement dans la nouvelle vague d'écrivains. Et j'ajouterai que je ne connais pas beaucoup d'auteurs de cette nouvelle vague qui connaissent vraiment les racines du mouvement.

Quels sont vos cinq livres steampunk préférés ?
Cette liste change tous les ans car je réétudie les livres que j'ai déjà lus. Mais en ce moment je dirais :
1. *Contre-jour* de Thomas Pynchon
2. *Léviathan* de Scott Westerfeld
3. *Dreadnought* de Cherie Priest
4. *Sans Âme* de Gail Carriger
5. *The Adventures of Langdon St. Ives* de James P. Blaylock

L'aspect *Do it yourself* est très important pour le steampunk, quel est son impact sur la fiction steampunk ?
Pas dans ce que j'ai pu lire. Il semble qu'il y ait un gouffre entre la littérature et les gadgets et accessoires des bidouilleurs. Je suppose que l'on peut imaginer que la surabondance de récits steampunk autoédités s'apparente à du *Do it yourself*, mais c'est plutôt dans l'édition en général et pas juste dans le steampunk.

Pensez-vous que la littérature steampunk continuera de se renouveler ?
Pour l'instant, il semblerait que oui. Les gens ont dit que le cyberpunk était mort et les Wachowski ont fait de la série *Matrix* une énorme franchise en utilisant l'esthétique et

les thématiques du cyberpunk. Je ne veux pas être cynique en disant que tout a été fait car de bons écrivains peuvent surgir à n'importe quel moment et remettre au goût du jour un vieux truc en lui donnant une autre tournure aussi petite soit-elle. Regardez ce qu'a fait Neal Stephenson avec le cyberpunk dans *Le Samouraï virtuel*[15] et comment ça a évolué pour faire *L'Âge de diamant*[16] et vous comprendrez ce que je veux dire. Je pense que le steampunk est assez polymorphe pour rester pour de bon. Mais tout dépendra des artistes et des auteurs qui s'en serviront

Dans beaucoup de romans, le steampunk n'est ni plus ni moins qu'un décor, quels sont les éléments d'une histoire remarquable ?

Les ingrédients d'un bon roman steampunk sont les mêmes que pour un roman de n'importe quel genre. Il faut des personnages attachants et une situation de crise convaincante. Le décor n'est pas si important que ça. Si on prend l'exemple de la vidéo de « A Gentlemen's Duel »[17] sur Internet. Ce n'est ni plus ni moins que Daffy Duck et Marvin le Martien sur la Planète X à la sauce steampunk.

C'est ce que j'aime dans ma liste des cinq ouvrages préférés. Ils ont des personnages auxquels on s'attache. Vous pouvez voir les inventions et les gadgets les plus cools dans votre livre, si les personnages sont plats et sans intérêts, personne ne vous lira jusqu'au bout.

---

[15] Le Livre de Poche, 2000.
[16] *L'Âge de diamant ou le Manuel illustré d'éducation à l'usage de filles*, Le Livre de Poche, 1998.
[17] Voir la section consacrée aux courts métrages steampunk, p. 244.

Avez-vous noté une augmentation des questions sociales dans la littérature steampunk ?

Malheureusement non, ou du moins pas dans le bon sens. Trop d'auteurs écrivent à la manière du XIXe siècle, ce qui fait resurgir les notions d'ethnocentrisme, de racisme et de chauvinisme colonial sans aucune distanciation. Il y a trop d'Agents de la Couronne sans l'attitude critique d'un Moorcock. Mais comme je l'ai déjà dit de nombreuses fois, il y a des exceptions. Au milieu de toute cette « anglophilie » steampunk, il y a des pépites comme *Gaslight Dogs* de Karen Lowachee.

Pensez-vous que le steampunk en général influence la littérature ?

Sans aucun doute, et particulièrement depuis 2009. Cette influence se retrouve particulièrement chez les auteurs qui ne connaissent pas la science-fiction ou le XIXe siècle.

À la lecture de certaines descriptions d'objets technologiques ou de vêtements, j'ai l'impression de lire des transcriptions d'illustrations ou de photos trouvées sur Google Images. Cela dit, ce n'est pas toujours aussi poussif. Cherie Priest, par exemple, justifie admirablement l'utilisation des *goggles* d'un point de vue narratif dans *Boneshaker*. C'était un hommage à la sous-culture sans paraître trop tiré par les cheveux.

Pensez-vous que le steampunk influence la fiction de façon générale ?

Pas de façon globale, non. Le steampunk n'est encore qu'une niche. Je vois passer beaucoup d'articles m'expliquant que ça devient mainstream, que ça va être le prochain truc

MIKE PERSCHON

à la mode, etc., mais les auteurs et les universitaires avec lesquels je travaille n'ont aucune idée de ce qu'est le steampunk. Donc, non, je ne pense pas qu'il ait une influence sur la fiction en tant que telle. La nostalgie est l'une des influences majeures de la fiction actuelle. Et c'est ce même ressort nostalgique qui est à l'origine du steampunk et qui le rend si attirant.

Fiches de lectures

Afin de démontrer la diversité de la production steampunk en littérature puis dans son aspect graphique, nous avons choisi d'explorer l'aspect culturel du mouvement grâce à des fiches de lecture.

Vous y trouverez les titres en français et en version originale, les dates de publication récentes, éditeurs et traducteur (le cas échéant), un rapide résumé (ne divulguant pas les ressorts de l'intrigue), notre commentaire sur l'œuvre et quelques conseils pour aller plus loin. Cette approche vous donnera une vision claire des différents aspects du steampunk.

Le proto-steampunk

LA MACHINE À EXPLORER L'ESPACE
Titre : *The Space Machine* (1976)
Auteur : Christopher Priest
Édition : Folio SF, 2001, traduction de France-Marie Watkins
Résumé : À la fin du XIXe siècle, un jeune représentant de commerce, Edward Turnbull, courtise la belle Amélia, assistante d'un savant reclus, Sir William Reynolds. Lors d'un malheureux concours de circonstances, les deux jeunes gens essaient une machine et se retrouvent sur Mars… pour découvrir que la planète se prépare à envahir la Terre grâce à leurs tripodes.

Commentaires : Ce roman joyeux et irrévérencieux, qui témoigne d'un profond amour de l'œuvre d'H. G. Wells, porte comme il se doit en sous-titre la mention « Roman scientifique ». Le style victorien est présent à travers le narrateur. L'humour *british* est de mise. La fusion entre *La Machine à explorer le temps* et *La Guerre des mondes* fonctionne parfaitement et ne cesse d'étonner. Certainement parce que Priest joue avec talent avec les codes de la littérature de l'époque, en en reprenant par exemple le motif des canaux martiens, ainsi que l'esprit conquérant d'une science triomphante. En résumé, de nombreux clins d'œil, l'apparition du jeune H. G. Wells, de l'humour : Christopher Priest s'amuse et entraîne son lecteur à sa suite.

Pour aller plus loin : Lire bien sûr *La Machine à explorer le temps* d'H. G. Wells. Vous pouvez également voir la délicieuse adaptation de George Pal (1960). L'arrière-petit-fils de Wells, Simon Wells en proposera une nouvelle version en 2002, moins convaincante. Vous pouvez aussi lire *Les Vaisseaux du temps* (1995) de Stephen Baxter.

LE PRESTIGE
Titre : *The Prestige* (1995)
Auteur : Christopher Priest
Édition : Denoël, coll. Lunes d'encre, 2006, traduction de Michelle Charrier
Résumé : Andrew Borden est chargé par une femme, Kate Angier, de mettre fin au conflit qui oppose leurs deux familles depuis trois générations. Tout a débuté à la fin du XIXe siècle, quand Alfred Borden et Rupert Angier, deux prestidigitateurs de renom, se livraient à une guerre aussi mesquine que sans merci pour conquérir la faveur du public. Quand Borden parvient à réaliser un tour de téléportation instantanée, Angier se tourne vers Nicolas Tesla pour l'aider à faire mieux.

Commentaires : Disons-le : ce roman est magnifique et nous n'osons trop en révéler de peur de vous gâcher le plaisir de sa lecture. *Le Prestige*, c'est tout d'abord un tour de force narratif, un magnifique travail autour de la notion de point de vue. Constitué d'une série de quatre journaux intimes, il propose une étonnante variation sur la figure du prestidigitateur. Tout y est : puzzles, indices et faux semblants. Au lecteur d'en relier les fils, à mesure que le roman glisse progressivement vers la science-fiction. Les thèmes du double, de l'illusion et de la réalité sont traités avec une grande finesse, allant ainsi jusqu'à la manipulation consentie du lecteur – nous parlons de magie, après tout.

Pour aller plus loin : Le roman a été adapté en 2006 par Christopher Nolan, qui en simplifie forcément la trame, mais parvient à en conserver l'esprit. Pour les complétistes, nous vous recommandons la lecture de l'essai de Christopher Priest portant sur son roman et son adaptation, *The Magic* (2008).

LES CHRONIQUES D'OSWALD BASTABLE
Titre de la série : *Le Nomade du temps*
Auteur : Michael Moorcock
Édition : *Le Seigneur des airs* (*The Warlord of the Air*, 1971) ; *Le Léviathan des terres* (*The Land Leviathan*, 1974) et *Le Tsar d'acier* (*The Steel Tsar*, 1981) réunis chez Folio SF dans une intégrale avec des traductions de Denise Hersant, Jacques Schmitt, révisées par Sébastien Guillot

Résumé : Le premier volume commence ainsi : en 1902, non loin du Tibet, le capitaine anglais Oswald Bastable se retrouve projeté en 1973 pour découvrir un monde dont les dirigeables parcourent le ciel. Il se prétend amnésique pour ne pas passer pour fou et n'a d'autre choix que de commencer une nouvelle vie.

Commentaires : À chaque roman, Bastable se trouve projeté dans un monde différent, un futur alternatif où l'aventure l'attend. Exotisme, combats multiples, trahison et histoire déviante sont au programme. Moorcock dépasse le simple récit uchronique pour mettre en scène la guerre moderne, les horreurs des totalitarismes et les illusions que traînent avec eux les empires. Le premier plaisir de la lecture est de croiser au fil des pages des personnages historiques, allant de Joseph Staline à Gandhi. Le second est certainement de se plonger dans cette relecture, radicale et caustique, de notre temps.

Moorcock pose dans cette série de romans tous les grands principes qui seront repris dans quasiment toutes les fictions steampunk : création d'un univers uchronique, mise en place de technologies rétro-futuristes, jeu avec la notion même de fiction littéraire. Cette trilogie doit avoir sa place dans votre bibliothèque !

Pour aller plus loin : Lire l'intégrale de la série !

La naissance du steampunk

HOMUNCULUS
Titre : *Homunculus* (1986)
Auteur : James Blaylock
Édition : J'ai lu, 1991, traduction de Jean-Pierre Pugi
Résumé : Londres, 1875. Langdon St. Ives, savant déchu, William Keeble, fabricant de jouets, et Bill Kraken luttent contre l'infâme Dr Ignacio Narnondo et le millionnaire Kelso Drake. L'objet de leur lutte ? L'homunculus, la mystérieuse créature qui se trouve peut-être à bord de l'aérostat fantôme qui tourne au-dessus de Londres. Ce court résumé n'est qu'un petit aperçu du grand délire de l'intrigue qui multiplie les personnages baroques et les retournements de situation improbables, le tout sur un rythme frénétique.

Commentaires : Langdon St. Ives est le premier héros steampunk, avec pour adversaire le formidable Dr Ignacio Narnondo. Il apparaît dès 1978 dans la nouvelle « The Ape-Box Affair » puis reviendra par la suite dans les romans *Le Temps fugitif*[18] (*Lord Kelvin's Machine*, 1992) et *The Ebb Tide* (2009). En 2013, il fait son grand retour dans *The Aylesford Skull*. On ne peut résumer un roman de Blaylock. On ne peut conseiller au lecteur de s'installer confortablement et de se laisser emporter : des dirigeables, des extraterrestres, des savants fous, des inventions délirantes, des batailles homériques et des courses poursuites haletantes. Qui pourrait y résister ?

Pour aller plus loin : James Blaylock est certainement l'auteur du trio fondateur qui a le plus écrit de romans steampunk. Son style et son ton très personnels, son goût iconoclaste pour le mélange des genres déroutent parfois

---
[18] Rivages/Payot, 1995.

ceux qui s'attendent à lire du steampunk conventionnel. Avec Blaylock nous sommes toujours proches de Jules Verne, E. R. Burroughs et H. G. Wells, avec une dose d'humour et de folie inimitables.

JAMES BLAYLOCK

*Ancien disciple de Philip K. Dick, James Blaylock[19] est l'un des trois pères fondateurs du steampunk. Il est l'auteur d'*Homunculus *(1986), l'une des aventures de sa série Langdon St. Ives et œuvre pionnière du genre. Il est aujourd'hui directeur du Conservatoire d'écriture créative de l'École de Beaux-Arts d'Orange County, Californie.*

Contrairement à ses deux comparses, James Blaylock écrit toujours du steampunk.

En avez-vous assez que l'on vous demande votre définition du steampunk ?

Ça n'est pas ma question préférée. Je ne suis pas certain qu'une définition supplémentaire soit nécessaire, alors j'évite d'y ajouter mon grain de sel. Le steampunk est surtout une esthétique. En général, les gens qui participent aux conventions steampunk aiment les armes, la mode, les gadgets, les bijoux, etc. Il suffit d'un coup d'œil pour définir en grande partie l'esthétique du steampunk : des costumes, des chapeaux farfelus et quelques céphalopodes. Je trouve tout cela plutôt sympathique. Quant à la définition littéraire, j'en ai entendu qui excluaient les romans de Tim Powers, par exemple, parce que l'action était située trop tôt dans le XIXe siècle pour en faire partie. C'est une ineptie. J'ai également lu que mes propres œuvres ne comportaient pas assez de gadgets steampunk ou qu'elles étaient trop « sérieuses » pour être véritablement considérées comme du steampunk. Il faut un quota minimum de *goggles* et d'inventions, les descriptions des tenues sont obligatoires, les histoires doivent être légères, en quelque sorte, ou réfléchir sur elles-mêmes, ou être ironiques. Toutes ces notions sont absurdes

---

[19] Site officiel : http://www.jamespblaylock.com/

et vont à l'encontre du processus d'écriture. Plus une définition est précise, plus les détails prennent de l'importance et plus le concept devient ridicule. C'est vrai, on portait des *goggles* à cette époque-là. C'est le cas des chimistes, par exemple, ou des gens qui voulaient se protéger les yeux parce qu'ils se trouvaient sous les tropiques. Si un personnage veut des lunettes, je lui en donne volontiers, et on ne pourra jamais m'accuser d'écarter de mon histoire un céphalopode qui viendrait taper à ma porte. D'un autre côté, il y a une tendance aujourd'hui à mettre des accessoires steampunk partout. Dans une publicité de nourriture pour chiens, par exemple… Et hop ! Voilà du steampunk. Ce genre de choses annonce le début de la fin. Cependant, tout ça pose problème, mais il n'y a pas de solution. Et en fin de compte, il est probablement inutile d'en chercher une.

Quelle a été votre réaction quand Jeter a apposé l'étiquette steampunk à votre œuvre dans *Locus Magazine* ?

J'ai trouvé ça très drôle. Du K. W. Jeter tout craché. C'est un maître de l'ironie. Ce qui est particulièrement amusant, c'est qu'une fois qu'il a inventé le terme, tout le concept s'est formalisé. C'est devenu un objet palpable. Tout à coup, les gens l'ont mieux perçu et il semblait être visible par un nombre grandissant de personnes. Si un jour on se réveillait et, qu'à tous les coins de rue, les gens étaient affublés de chapeaux en feutre, de vestes en tweed et de jupes à panier, l'étiquette inventée par K. W. Jeter en serait en grande partie responsable.

Quel est votre auteur préféré du XIXᵉ siècle ?

Ça, c'est une question facile. Je vais considérer que « préféré » signifie l'auteur dont j'ai le plus relu les œuvres. Selon cette définition, cela se joue entre Robert Louis Stevenson et Charles Dickens. Si je devais allonger la liste, j'ajouterais Mark Twain, John Ruskin, Jules Verne, et sans doute d'autres noms qui m'échappent, et j'y inclurais probablement Conan Doyle et H. G. Wells.

***Les Voies d'Anubis*, *Homunculus* et *Machines infernales* sont des œuvres très différentes et, pourtant, elles définissent toutes le steampunk. Quel est leur point commun ?**

C'est une question difficile. Je garde d'excellents souvenirs d'une époque où K. W., Tim et moi écrivions des histoires, des romans, et où nous discutions de nos lectures. La conséquence, à mon avis, est que nous avons des sensibilités similaires et nos expériences communes, notre sens de l'humour, notre intérêt pour les histoires pittoresques de l'époque victorienne, etc., sont autant de choses que nous partageons. Cela se reflète dans nos romans. Évidemment, peut-être que cela vient en grande partie de mon imagination ; c'est un sentiment de nostalgie qui m'est propre et que le lecteur ne perçoit sûrement pas. Je suis fasciné par les folles intrigues à la complexité byzantine de Tim et d'autant plus impressionné par son souci permanent de précision historique. Je suis épaté par le génie créatif de K. W. et par l'aisance avec laquelle il manie la langue, entre autres choses. J'ai lu *Fiendish Schemes*, son dernier roman steampunk, et j'ai été frappé par la facilité avec laquelle il a retrouvé la voix de *Machines infernales*. Le style d'*Homunculus* était empreint d'une démence relative et le livre regorgeait de ce que je considère comme les « traits distinctifs » de la période. Les lecteurs me disent qu'il s'agit d'un roman d'ambiance. Nous sommes tous les trois des écrivains très différents, comme vous l'avez souligné, ce qui signifie peut-être qu'en additionnant nos trois styles, on arrive à un registre assez large, et c'est le genre de définition qui me convient parfaitement.

Comment présenteriez-vous *Homunculus* à un public français ?

Les Français font partie des plus grands lecteurs au monde et ils semblent avoir une grande estime de la littérature, qu'elle soit classique, expérimentale ou bien qu'elle ait surgi de l'espace. J'étais à Paris il y a quelques années et l'édition « J'ai lu » d'*Homunculus* était encore en vente dans les librairies, alors que la publication française remonte à 1991. Aux États-Unis, cela faisait longtemps qu'il était épuisé. En réalité, pour ce qui est de mes œuvres, les librairies françaises proposaient un choix trois fois plus important que les librairies américaines. Donc, je pense que la France est plus que prête pour *Homunculus* qui est, je l'admets, un roman sombre, étrange, saugrenu et d'une extravagance manifeste. Quand je l'ai écrit, j'avais en tête le roman que j'aurais écrit en 1875 avec mes sensibilités littéraires actuelles.

Pourquoi avez-vous choisi de continuer à écrire des romans steampunk ?

Parce que c'est un genre que j'aime à écrire, bien qu'il nécessite beaucoup de travail. Tout y est amusant : les intrigues, les personnages, l'ambiance. Aussi, la langue de l'époque m'attire et c'est sûrement la raison pour laquelle j'ai lu et relu tout au long de ma vie sans m'en lasser Dickens, Stevenson, Ruskin et bien d'autres. Je me suis attaché à employer correctement la langue de l'époque, en évitant autant que possible les anachronismes, sans abuser des archaïsmes. J'ai fait beaucoup de recherches sur cette période et j'ai stocké tellement de données sur mon disque dur et dans ma tête que j'ai l'intention d'utiliser ces informations jusqu'à épuisement de mon ordinateur... et de mon cerveau.

Pourquoi avez-vous donné une suite aux aventures de Langdon St. Ives ?

Quand j'ai écrit la première aventure de St. Ives, « The Ape-Box Affair », je n'avais pas l'intention d'en écrire une deuxième. Pourtant, très peu de temps après, j'en ai écrit une autre, en réponse à quelque chose que K. W. Jeter m'a dit alors que nous étions avec Tim, au pub O'Hara d'Orange, en train de boire une bière, de manger du pop-corn et de discuter littérature. K. W. a souligné, à raison, que mes connaissances scientifiques étaient trop limitées et que, si je devais écrire une histoire de science-fiction qui parlait d'un trou noir, mes personnages le colmateraient avec un bouchon en liège. J'ai tout de suite pensé qu'il fallait absolument écrire cette histoire et qu'une science des bouchons de vidange, bien que contestable dans une fiction moderne, serait tout à fait plausible dans un récit situé cent ans en arrière. Alors, j'ai écrit la nouvelle « The Hole in Space », que j'ai vendue au magazine *Starwind* pour quarante dollars. Quelques années plus tard, il m'est venu à l'esprit d'écrire une histoire qui parle d'un diamant célèbre, en référence à la littérature *pulp*. Il fallait lui donner la même approche désuète et, comme il s'agissait de la troisième nouvelle mettant en scène St. Ives, il est officiellement devenu un personnage récurrent. De manière quasi simultanée, l'idée d'écrire *Homunculus* m'est apparue et ce fut chose faite. Aujourd'hui, je suis attaché à ces personnages et je continuerai à écrire leurs aventures jusqu'à ce que je m'éloigne d'eux, si cela arrive un jour.

Pouvez-vous nous en dire un peu plus sur le personnage d'Ignacio Narbondo ? Pourquoi avoir choisi de le faire figurer dans autant de romans ?

Narbondo apparaît pour la première fois dans la nouvelle « The Idol's Eye » dans laquelle je parle d'une idole dans la jungle ; en fait, un être humain pétrifié. J'aimais beaucoup ce nom et, au moment d'inventer le méchant d'*Homunculus*, je me suis rendu compte que le personnage qu'il me fallait, c'était lui. L'idole dans la jungle serait en fait le père de ce nouveau Narbondo. Cela laissait entendre qu'il avait eu un passé plutôt mouvementé. J'ai eu l'idée d'en faire un personnage qui, comme son père, recherchait l'immortalité grâce à divers procédés alchimiques, à la vivisection, l'ingestion de glandes de carpes, etc. Il a évolué pour devenir un personnage que les petits crimes n'intéressent pas. Il commet des crimes horribles ou *a priori* banals, mais qui se terminent dans d'atroces circonstances. C'est un des personnages auxquels je me suis attaché. Je pense aussi que chaque héros doit avoir un ennemi ultime, que l'on pousse tôt ou tard dans les chutes de Reichenbach, à l'instar du professeur Moriarty, et qui, si nécessaire, peut être repêché plus tard afin de lui redonner vie.

Quelles sont vos influences lorsque vous écrivez un roman steampunk ?

Comme je l'ai dit plus haut, j'effectue beaucoup de recherches quand j'écris un roman steampunk et je me retrouve fortement influencé par des détails que je découvre sur le moment et dont j'ignorais l'existence deux minutes plus tôt. Je suis également influencé en permanence par les livres qui reposent sur mon bureau et que j'ai lus et relus pour le plaisir. Par exemple, je suis fan des récits de Patrick O'Brian et des nouvelles de James Norman Hall qui figurent dans le recueil *Dr. Dogbody's Leg*. J'ai tendance à relire *Les Papiers posthumes du Pickwick Club* de Charles Dickens et le premier recueil de nouvelles de Sherlock Holmes qui me tombe sous la main. Tous ces livres, sans exception, restent à portée de main. Je feuillette également en permanence *London Labour and the London Poor* de Henry Mayhew, que K. W. m'a conseillé il y a plusieurs années, et j'adore les vieux ouvrages de référence qui contiennent des informations fascinantes qui ne sont plus du tout d'actualité. Mes préférés sont *Wonders of the Universe, a Record of Things Wonderful and Marvelous in Nature, Science and Art*[20] (qui contient un chapitre très convaincant à propos de plésiosaures aperçus dans divers endroits) et aussi *The Handy-Book of Literary Curiosities*[21], de William S. Walsh, un des livres les plus cools qu'on puisse trouver.

Lisez-vous de la littérature steampunk ? Si oui, quels sont vos auteurs préférés ?

---

[20] Encyclopédie datant du XIXe siècle.
[21] Dictionnaire regroupant expressions curieuses et définitions littéraires publié chez J. B. Lippincott Company en 1893.

Seulement à de très rares occasions. Je lis toutes les œuvres steampunk que Tim Powers et K. W. Jeter publient, mais j'évite les autres auteurs contemporains pour plusieurs raisons, dont certaines relèvent uniquement de la superstition. J'ai dérogé à cette règle il y a deux ans quand un ami m'a conseillé *The Bookman*[22], de Lavie Tidhar, qui s'est avéré un livre merveilleux. Et par nécessité, j'ai à nouveau fait une exception quand, en 2011, j'étais membre du jury pour le prix World Fantasy. J'ai été très impressionné par la qualité des nouvelles steampunk et *gaslamp* figurant dans le recueil *Ghosts by Gaslight*[23] édité par Jack Dann et Nick Gevers. J'ai découvert que certains de mes écrivains préférés, Gene Wolfe ou Lucius Shepard par exemple, étaient capables d'écrire du steampunk, en plus de n'importe quel autre genre. Je suis également fan des écrits steampunk des VanderMeer.

Quel est votre regard sur le steampunk d'aujourd'hui ?
Je suis fasciné et heureux de l'intérêt grandissant pour le steampunk dans la culture populaire et j'espère qu'il va continuer d'augmenter. Cependant, dès qu'une chose devient populaire, et ce, dans tous les domaines, elle commence à perdre de sa fraîcheur dès lors qu'elle est dégradée par les fabrications médiocres de ceux qui prennent le train en marche. Malheureusement, c'est inévitable. J'espère que le meilleur du steampunk survivra.

Qu'est-ce que cela vous fait d'être considéré comme le père d'un mouvement qui suscite autant d'engouement ?

---
[22] Angry Robot, 2010.
[23] Harper Voyager, 2011.

C'est parfois un peu surréaliste. Nous étions trois, bien sûr, à être impliqués dans l'écriture de ce genre de récits dans les années 1970 et au début des années 1980. Mais je suis heureux d'être un des pionniers. Je garde d'excellents souvenirs de l'époque où j'ai écrit et vendu « The Ape-Box Affair ». On dit que je suis le « père » du steampunk (ou, malheureusement pour moi, le « grand-père ») en vertu de cette nouvelle. J'imagine que j'en ai écrit de meilleures. Pourtant, ma célébrité actuelle (qui reste moindre) repose en grande partie sur le steampunk, autrement dit sur cette nouvelle innovante, et sur l'heureux fruit du hasard qui a fait qu'elle a été publiée avant *Morlock Night* de K. W., par exemple. Peu de gens auront lu « The Ape-Box Affair », c'est très probable. Et les gens qui me félicitent d'avoir « inventé » le steampunk sont souvent les mêmes qui me demandent juste après d'expliquer ce qu'est le steampunk, ou si j'ai vu ce film sur Sherlock Holmes qui était steampunk, ou si j'étais au courant qu'on vendait en grande surface des versions steampunk de Raggedy Ann[24]… « Comme vous devez être fier ! » Je ne sais pas trop comment réagir, j'ai du mal à comprendre. Pour être plus clair, c'est la première fois que j'ai des fans qui n'ont pas lu mes œuvres, et ça, c'est surréaliste. Cela dit, je n'envisage pas les choses différemment. En réalité, j'aimerais avoir des millions de fans comme ça ; il en résulterait quelque chose d'extraordinaire, c'est certain. Après tout, ce sont des lecteurs potentiels, et j'en suis friand. Un des côtés positifs de l'état actuel du mouvement, c'est que les éditeurs veulent que j'écrive plus de steampunk, ce qui est indéniablement une bonne chose. Et là, je suis en

---

[24] Série pour enfant dont le personnage principal, Raggedy Ann, est une poupée de chiffon (*Rag doll* en anglais).

train de répondre à ces questions qui devraient, dans l'idéal, attirer encore plus de lecteurs, tout ça parce que je suis l'un des pères de ce mouvement qui suscite tant d'engouement.

Votre définition du steampunk a-t-elle évolué au fil des années ?

Pas du tout. J'écris du steampunk aujourd'hui de la même manière qu'en 1977. Je suis persuadé que je le fais mieux maintenant, que mon style d'écriture a évolué et que les bons auteurs que je lis depuis plus de trois décennies m'ont influencé en tant qu'écrivain, mais je fais la même chose qu'il y a trente-cinq ans. (Cela dit, c'est dur de se dire que cela fait déjà trente-cinq ans.)

Que pensez-vous du projet *Steampunk: the Beginning*[25] ?

Je l'ai trouvé extraordinaire pour plusieurs raisons. D'abord, les artistes qui ont illustré l'ouvrage ont fait un excellent travail. Je ne savais pas du tout à quoi m'attendre, et j'ai été épaté par la qualité des illustrations. De nulle part avaient surgi des fresques décrivant *Homunculus*, *Les Voies d'Anubis* et *Machines infernales*, qui redonnaient vie aux romans de dizaines de nouvelles manières. Ensuite, je suis heureux que l'université où j'ai passé six années très intéressantes de ma jeunesse à étudier, l'université où j'ai rencontré Tim et K. W. et où j'ai enseigné pendant six années supplémentaires, nous ait fait un tel honneur. Cette remarque peut sembler mièvre, mais c'est la vérité. Enfin, les gens

---

[25] Exposition de peintures d'étudiants de l'Université de Californie State Fullerton célébrant les romans de James Blaylock, Tim Powers et K. W. Jeter dont le catalogue est édité chez Gingko Press, 2013.

qui ont soumis cette idée, mis le projet en place, installé les peintures dans la galerie et constitué le livre sont des personnes enthousiastes et pleines de joie. Je les considère aujourd'hui comme des amis.

MACHINES INFERNALES

Titre : *Infernal Devices, A Mad Victorian Fantasy* (1987)
Auteur : K. W. Jeter
Édition : J'ai lu, 1999, traduction de Pierre K. Rey
Résumé : « A Mad Victorian Fantasy » : Londres, au XIXe siècle, un horloger nommé George Dower reçoit la visite d'un client particulièrement étrange. Cette rencontre marque le début d'une longue suite de mésaventures. Dower est le narrateur d'un récit fait afin de rétablir sa réputation et d'expliquer comment il en est venu à sauver le monde, quitte à y perdre son honneur et sa réputation.

Commentaires : Les amateurs de machines délirantes sont servis avec ce roman qui raconte une aventure trépidante, où un humour des plus iconoclastes rivalise de brio avec le rythme du récit. Tandis que la narration de son premier roman, Morlock Night, était somme toute assez classique, Jeter se laisse aller ici à l'audace d'un récit en liberté, presque fragmentaire dans son fourmillement d'intrigues et de péripéties. Soyez-en sûr, le roman est vraiment une *mad victorian fantasy* tant par son rythme que par certains événements, littéralement énormes.

Pour aller plus loin : Ne confondez pas avec la série des *The Infernal Devices* de Cassandra Clare. On attend le retour de K. W. Jeter au steampunk avec *Fiendish Schemes* (2013).

K. W. JETER

K. W. Jeter[26] est l'un des trois pères fondateurs du steampunk. Il est notamment l'inventeur du mot « steampunk » dans une lettre en 1986 au magazine Locus.

Dans un autre registre, Jeter a écrit plusieurs suites officielles à Blade Runner, *une série de roman pour les licences* Star Wars *et* Star Trek. *Il oscille entre projets personnels et romans alimentaires, où on retrouve toujours cependant sa touche.*

Nous connaissons tous votre lettre au magazine *Locus*. Pouvez-vous nous dire pourquoi aviez-vous écrit ce courrier ?

Cette lettre était un trait d'humour. À l'époque, il y avait tout un tas de mouvements utilisant « punk » comme suffixe et c'était pour un peu m'en moquer plus que toute autre chose. Beaucoup de ces mouvements ont aujourd'hui d'ailleurs disparu. Plus personne n'utilise le terme « splatterpunk » par exemple. Mais le mot « steampunk » semble faire preuve d'une longévité intéressante.

Pourquoi avez-vous choisi d'écrire une suite à La Machine à voyager dans le temps de H. G. Wells, *Morlock Night* (non traduit) ?

C'était strictement une décision commerciale et pas entièrement de mon fait. À l'époque, un éditeur nous avait embauchés, Tim Powers et moi-même, pour écrire quelques livres pour une série basée sur le Roi Arthur, mais à différentes époques. J'ai choisi l'époque victorienne comme décor pour ma contribution. L'idée d'utiliser la Machine à voyager dans le temps en a découlé.

---

[26] Site officiel : SteamWords, http://www.kwjeter.com

Morlock Night n'est pas vraiment une suite à *La Machine à voyager dans le temps* de Wells. Si j'avais eu à écrire une telle suite, le roman aurait été considérablement différent.

Pouvez-vous nous décrire un peu l'ambiance entre vous, Powers et Blaylock alors que vous étiez en train de travailler sur vos romans steampunk ? Y avait-il beaucoup de discussions ? Une ligne directrice ?

Ça n'a pas été vraiment un processus collaboratif, du moins pas de mon côté. Je suis plutôt solitaire dans mon travail et je ne parle jamais de ce sur quoi je travaille à un moment donné. Donc non, nous n'avions pas de ligne directrice.

Il y a beaucoup d'humour dans *Machines infernales*. Pourquoi donc ? Pensez-vous que la science-fiction était trop sérieuse à l'époque ?

La science-fiction était trop sérieuse à l'époque et l'est toujours aujourd'hui. C'est un genre qui se complaît dans une profondeur en carton-pâte et ça ne m'intéresse pas du tout. Au moment de l'écriture des *Machines infernales*, j'avais l'impression que les gens me considéraient comme une sorte d'auteur beaucoup trop sérieux. J'ai donc voulu faire quelque chose de plus léger et amusant pour changer cette image.

Pourquoi vous êtes-vous intéressé au travail de Henry Mayhew, *London Labour and the London Poor* ?

Mayhew était un bon journaliste, il pouvait parler à n'importe qui. Alors quand on le lit aujourd'hui, on trouve plein de données de première main et difficiles à dénicher autrement sur la vie à l'époque victorienne. Ne serait-ce que pour les informations sur la façon dont les gens de cette époque gagnaient leur vie qui font de son ouvrage une source inestimable. Il y a beaucoup de statistiques et de chiffres que Mayhew a inventés pour se donner une consistance scientifique, mais on peut aisément les mettre de côté sans perdre le fond.

***Les Voies d'Anubis*, *Homunculus* et *Machines infernales* sont des romans si différents les uns des autres et en même temps fondateurs pour le steampunk. Qu'est-ce qui les relie ?**
Je ne vois d'autre lien que la période historique. Mon opinion est que les gens font une erreur considérable en essayant de nous uniformiser Powers, Blaylock et moi-même dans le but de faire de nous les précurseurs d'un quelconque « mouvement ». Les livres sont différents, les auteurs sont différents, pas de projet commun.

Lisez-vous de la littérature steampunk ?
De temps en temps. Certainement moins que je ne le devrais.

Quelle est votre vision du steampunk aujourd'hui ?
Très créatif, ingénieux, mais il plane le danger de réutiliser les mêmes éléments trop souvent.

Qu'est ce que cela fait d'être considéré comme le père d'un mouvement si prolifique ?
J'ai l'impression qu'une grande erreur a été commise. Je ne suis le « père » d'aucun mouvement. J'ai juste inventé

un mot qui a caractérisé un fantastique corpus de textes littéraires qui aurait certainement existé sans moi.

Est-ce que votre définition a évolué au fil des ans ?

Non, pas vraiment. Les gens font des choses variées sous l'étiquette steampunk ce qui est en même temps bien et inévitable.

Qu'avez-vous ressenti lorsque l'on vous a contacté pour le projet *Steampunk: The Beginning* ?

Je ne suis pas sûr d'avoir été contacté pour un tel projet. Il faut que je vérifie mes emails. Ça m'a peut-être échappé.

Pouvez-vous nous dire deux mots sur votre prochain roman steampunk *Fiendish Schemes* ?

C'est la suite des *Machines infernales*. On retrouve les mêmes personnages quelque temps après la fin du livre. C'est un roman léger, plein d'inventions victoriennes et de conspirations tordues et invraisemblables. Mais il y aura aussi un aspect plus sombre, une réflexion sur les connexions entre notre monde et celui du livre. Je me suis amusé à l'écrire. J'espère que les lecteurs l'apprécieront.

LA MACHINE À DIFFÉRENCES
Titre : *The Difference Engine* (1990)
Auteurs : William Gibson et Bruce Sterling
Édition : Robert Laffont, coll. Ailleurs et demain, 2010, traduction de Bernard Sigaud

Résumé : 1885, dans un Londres uchronique. Charles Babbage a construit sa machine à différence, ce qui a profondément modifié l'histoire du monde. Byron est le Premier ministre de la reine Victoria. L'Angleterre est dorénavant une méritocratie, dominée par les sciences et l'industrie. Edward Mallory retourne d'une expédition scientifique et entre en possession par hasard d'un jeu de cartes perforées que convoite le mystérieux Capitaine Swing. Entouré de Laurence Oliphant, un espion au service de la reine, et de Sybil Gerard, fille d'un meneur luddite, Mallory découvre progressivement un complot dont les enjeux sont colossaux.

Commentaires : Ce roman écrit à quatre mains par les pères fondateurs du cyberpunk est l'un des premiers chefs-d'œuvre du steampunk. Le roman se dévore et alors que l'intrigue se déploie, nous découvrons un monde fascinant, où une technologie subtilement autre ne cesse de nous interroger sur notre propre rapport au monde. Ce récit explore des thématiques captivantes, celles de notre rapport à l'information, de notre relation politique au monde, de la notion même de pouvoir. Tout à la fois roman d'aventures, uchronie brillante, texte profond, il est définitivement un livre à posséder. Et à relire.

Pour aller plus loin : Le Capitaine Swing a été repris en bande dessinée par Warren Ellis dans son *Captain Swing et les pirates électriques de Cindery Island*.

Les Voies d'Anubis
Titre : *The Anubis Gate* (1986)
Auteur : Tim Powers
Édition : Bragelonne, 2013, traduction de Gérard Lebec
Résumé : L'érudit Brendan Doyle accompagne un groupe de voyageurs temporels à Londres en 1810 afin d'assister à une conférence de Samuel Coleridge. Malheureusement, Doyle est séparé de ses compagnons et se trouve coincé dans le temps. À lui de s'adapter à cette nouvelle époque afin de retrouver le chemin vers la sienne. Ce qui serait facile si un loup-garou, des magiciens égyptiens revanchards et des hordes de mendiants dirigées par un clown dément ne venaient se mettre en travers de son chemin.

Commentaires : Prix Philip K. Dick en 1984, il constitue pour beaucoup le premier roman steampunk. Flamboyant, il peut cependant surprendre le lecteur à la recherche d'un ouvrage conforme à ce qu'est devenu le steampunk. En effet, la magie y côtoie la science, Londres n'est pas encore victorien (Victoria n'accède au trône qu'en 1837) et l'intrigue s'appuie sur plusieurs paradoxes temporels. Roman d'aventures plutôt que steampunk ? Pourquoi pas ? Son charme et sa grande réussite tiennent dans la découverte de ce monde si étrange, entre bas-fonds et romance, pharaons et *gentlemen* grâce au regard tantôt candide et tantôt effaré de Brendan Doyle. Avec ce livre, le steampunk pouvait enfin naître.

Pour aller plus loin : Prolonger la fascination avec *Machines infernales* de K. W. Jeter et *Homunculus* de James Blaylock.

TIM POWERS

L'écrivain américain Tim Powers[27] est l'auteur des Voies d'Anubis, *l'un des trois romans fondateurs du steampunk, pour lequel il a reçu le Philip K. Dick Award en 1984. Il est aussi l'auteur de* Sur des mers plus ignorées *(1987) qui a servi d'inspiration au film* Pirates des Caraïbes : La Fontaine de jouvence.

N'en avez-vous pas marre que l'on vous demande toujours votre définition du steampunk ?

Pas du tout ! Je pense plutôt que les gens qui me posent la question doivent en avoir marre de m'entendre toujours répondre : « Je n'en sais rien, à première vue, je dirais que ce sont des aventures dans le Londres victorien avec beaucoup d'engrenages et de dirigeables ».

Comment avez-vous réagi lorsque K. W. Jeter a qualifié votre travail de steampunk dans *Locus Magazine* ?

J'étais heureux de voir que Jeter voulait donner un coup de projecteur sur ce que nous avions écrit et qu'il pointait une cohérence entre nos ouvrages. Son courrier a fait passer notre travail comme plus ou moins réfléchi et cohérent !

Quels sont vos auteurs du XIXe siècle favoris ?

Et bien, c'est plutôt vaste comme siècle ! Si je mets de côté la poésie, je dirais Edward John Trelawny, Robert Louis Stevenson, Mark Twain, les sœurs Brontë et bien sûr Charles Dickens.

Quelles ont été vos inspirations pour *Les Voies d'Anubis* ?

---

[27] Site officiel : The Works of Tim Powers, http://www.theworksoftimpowers.com

J'ai toujours été fasciné par Lord Byron et, dans une de ses lettres, il parle de personnes l'ayant aperçu à Londres en 1810 alors qu'en fait, il était cloué par la fièvre en Turquie. Je me suis alors demandé pourquoi un clone de Byron se serait promené dans Londres. Je voulais aussi mettre en perspective cette période et tout ce qu'elle impliquait grâce à un prisme moderne. J'ai donc incorporé un saut dans le temps. Pour tout le reste, j'ai fait quelques recherches.

Le cyberpunk a-t-il influencé l'écriture des *Voies d'Anubis* ?

Pas du tout ! *Neuromancien*[28] de Gibson a été publié l'année après la publication des *Voies d'Anubis* et avant d'avoir lu *Neuromancien*, je n'avais jamais entendu parler du cyberpunk.

Qu'est-ce que ça fait d'être l'un des pères du steampunk ?

C'est très gratifiant ! Je suis heureux que le petit truc que Jeter, Blaylock et moi-même avons créé à la fin des années 1970, début des années 1980, se soit si considérablement développé !

Comment percevez-vous la communauté steampunk aujourd'hui ?

Il me semble qu'elle tourne surtout autour du costume, avec beaucoup de gadgets sophistiqués et d'armes. Tout ceci est très divertissant ! Je ne lis pas beaucoup de littérature steampunk actuelle, j'en suis navré, et je ne sais pas trop comment elle se développe. Il y a l'air d'en avoir à profusion ! Mais même si je n'ai pas lu les sorties récentes, je peux vous dire que j'adore le design des couvertures !

---

[28] J'ai lu SF, 2001.

Que pourriez-vous dire à la communauté steampunk à propos de vos autres livres ?

Oh et bien je dirais que « si vous avez aimé *Les Voies d'Anubis*, je parie que vous aimerez les autres ! Ce sont principalement des aventures fantastiques ».

***Les Voies d'Anubis* a bénéficié d'une nouvelle édition en France. Y avez-vous apporté des modifications ?**

Non, je pense que cet ouvrage est très bien comme ça. Comme quand je l'ai écrit au début des années 1980.

Si vous aviez à présenter *Les Voies d'Anubis* aux lecteurs français, comment procéderiez-vous ?

Je leur dirais : « Il s'agit d'une aventure fantastique qui se passe dans Londres au XIXe siècle et qui parle de voyage dans le temps, de magie égyptienne et d'un clown diabolique ». Cette description m'intéresserait moi-même.

Votre définition du steampunk a-t-elle évolué durant toutes ses années ?

Non, en fait, je n'ai jamais vraiment eu besoin d'une définition pour commencer. Avant que Jeter envoie sa lettre à *Locus Magazine*, nous ne savions même pas que nos écrits pouvaient tomber dans une catégorie.

Pouvons-nous espérer le retour de William Ashbless ?

Oh oui, probablement dans un roman futur ! Mais j'essaye de le placer dans tous mes livres.

TIM POWERS

Vos romans ainsi que ceux de Jeter et Blaylock sont très différents les uns des autres et pourtant clairement steampunk. Qu'est-ce qui les rapproche tant ?

Tout d'abord, nous avons tous travaillé à partir de la même source, *London Labour and the London Poor* de Henry Mayhew. Nous avions donc la même base en terme de décor (ville et population). Ensuite, les discussions à propos de nos intrigues respectives étaient arrosées de beaucoup de bières.

Tout ceci nous a donné, j'imagine, un terreau commun qui, malgré le fait que nous écrivions chacun de notre côté et à notre manière, a fait que nous étions vus comme un groupe homogène.

Qu'avez-vous ressenti quand vous avez été contacté autour du projet *Steampunk: The Beginning* ?

J'étais surtout content que des gens se rappellent des *Voies d'Anubis* !

Le steampunk contemporain

AIRMAN
Titre : *Airman* (2008)
Auteur : Eoin Colfer
Édition : Folio Junior, 2011, traduction de Philippe Giraudon
Résumé : Vivant dans un archipel au large de l'Irlande, Conor Broekhart est né pour le vol, d'ailleurs il est né à bord d'une montgolfière ! Proche de la famille royale, sa vie est douce, entre son éducation et les rencontres avec la princesse Isabelle. Mais lorsque le roi Nicholas est assassiné, Conor est accusé à tort et envoyé en prison dans une île perdue. Ses connaissances aéronautiques, sa volonté de vengeance et son envie de rétablir la vérité pour dénoncer les véritables coupables seront les moteurs qui le pousseront dans une aventure périlleuse.

Commentaires : L'auteur de la saga *Artemis Fowl* s'offre ici une récréation, que l'on peut ranger entre le *Comte de Monte Cristo* et *L'Évadé d'Alcatraz*. Le récit est souvent violent, avec une morale parfois ambiguë, ce qui en fait un texte à part dans sa production, plutôt orientée jeunesse. On ne retrouve pas, par exemple, l'humour présent dans les romans d'*Artemis Fowl*. Le récit y gagne, non pas en profondeur, ce serait un bien grand mot, mais en tenue.

Pour aller plus loin : Pour un récit initiatique de qualité, essayez *Léviathan* de Scott Westerfeld.

L'Âge des lumières
Titre : *The Light Ages* (2003)
Auteur : Ian R. MacLeod
Édition : Denoël, coll. Lunes d'encre, 2007, traduction de Jean-Pierre Pugi
Résumé : Robert Borrows quitte sa ville de Bracebridge pour aller tenter sa chance à Londres et peut-être y devenir quelqu'un. À travers son parcours initiatique, on découvre une société structurée par les guildes, et par le travail de l'éther, substance magique essentielle à toute l'industrie.

Commentaires : Si vous croyez encore que le steampunk ne peut porter un regard à la fois engagé, politique et littéraire sur la société, lisez ce roman de MacLeod. La lenteur, très étudiée, du récit immerge lentement le lecteur dans une société anglaise en pleine expansion technologique au prix d'une extrême réification de toutes ses structures sociales. Le parcours de Robert Borrows est alors à la fois celui d'un ambitieux qui apprend le fonctionnement des rouages du monde et celui d'un homme qui doit choisir son camp et ses valeurs. La grande réussite du roman est certainement la manière dont ses différentes thématiques se mêlent, ne tombant jamais dans l'écueil du roman à thèse. Ajoutez à cela la mise en place d'une ambiance steampunk assez originale qui, si elle utilise avec force le thème de la machine (en le liant avec celui de la magie, mais on ne peut pas trop vous en dire), ne reprend pas les clichés du genre. Un classique.

Pour aller plus loin : Ne confondez pas ce titre avec *L'Âge de diamant ou le Manuel illustré d'éducation à l'usage de filles* de Neal Stephenson (1995) tout aussi recommandable.

ANNO DRACULA
Titre : *Anno Dracula* (1992)
Auteur : Kim Newman
Édition : Bragelonne, 2012, traduction de Thierry Arson et Maxime Le Dain

Résumé : Londres, 1888. Le comte Dracula n'est pas mort à la fin du roman de Bram Stoker. La reine Victoria est désormais sa femme et l'Angleterre est en pleine transformation. Les vampires ne vivent plus cachés tandis que les derniers opposants au régime ont droit au pal. Un mystérieux tueur, armé d'un scalpel d'argent, fait régner la terreur dans Whitechapel. Charles Beauregard, un sang-chaud, est chargé de l'enquête.

Commentaires : Vous trouverez toujours quelqu'un pour vous dire que ce roman n'est pas du steampunk. Cette personne aura certainement raison. En effet, point de technologie rétro-futuriste, ni de dirigeables et encore moins de robots géants. Si ce livre à sa place dans ce guide (et dans votre bibliothèque) c'est parce qu'il offre une uchronie littéraire aussi savoureuse que brillante. Ce premier roman d'une trilogie autour du personnage Dracula propose une relecture complète de l'histoire européenne à partir d'un postulat simple : et si l'équipe de Van Helsing n'avait pas réussi à tuer Dracula ? Et si le prince des ténèbres avait étendu son influence sur l'Empire ? Le docteur Jekyll, le docteur Moreau, Jack l'Éventreur, ils passent tous à travers la création de ces vampires à la fois crédibles et profondément inquiétants. Un must read !

Pour aller plus loin : La suite des romans, bien sûr ! Ils peuvent être difficiles à trouver : *Le Baron Rouge Sang* (1999), *Le Jugement des larmes* (2000). Un quatrième volume, *Johnny Alucard*, est annoncé.

BONESHAKER
Titre : *Boneshaker* (2009)
Auteur : Cherie Priest
Édition : Panini, coll. Éclipse, 2013, traduction de Agnès Bousteau

Résumé : À Seattle, l'inventeur Leviticus Blue crée une machine pour forer la glace de l'Alaska, le Boneshaker. Lors du premier test, la machine s'emballe, détruit plusieurs quartiers de la ville et perfore les entrailles de la Terre d'où sort le Blight, un gaz qui transforme quiconque le respire en zombie. Un mur a été construit autour de Seattle pour tenir la population à l'écart. Des années plus tard, son fils décide d'entrer dans la ville. Lui et sa mère croiseront la route de contrebandiers en dirigeable, de survivants et bien sûr des Pourris.

Commentaires : Premier opus de sa série du *Siècle Mécanique* et mélangeant steampunk et western, *Boneshaker* est un roman post-apocalyptique (ce qui n'est pas si commun dans le steampunk). Cherie Priest revient sur des thèmes certes classiques (relation adolescent-parents, recherche de ses origines), mais les transpose assez bien dans un monde angoissant proche du huis clos. Certaines longueurs, malgré le rythme effréné des attaques de zombies, se font sentir. Malheureusement, et sûrement desservie par une médiocre traduction, la mayonnaise prend difficilement. Et au final, le lecteur s'ennuie un peu.

Pour aller plus loin : Le roman a une suite, *Clementine* (2010) qui explore plus avant le monde évoqué sans réelle conviction.

LES CONJURÉS DE FLORENCE
Titre : *Pasquale's Angels* (1994)
Auteur : Paul J. McAuley
Édition : Folio SF, 2004, traduction de Danièle Laruelle
Résumé : Dans une Florence uchronique, dans laquelle Leonard de Vinci a donné vie aux machines de ses croquis, de grands peintres tels que Raphaël et son assistant sont assassinés. Le jeune apprenti peintre Pasquale et Machiavel, un journaliste, enquêtent sur ces meurtres mystérieux.

Commentaires : Imaginez Florence au XVIe, ville d'art par excellence où vivent les grands peintres. Imaginez maintenant que Léonard de Vinci ait totalement délaissé la peinture pour se plonger corps et âme dans la construction de ses inventions les plus folles. Vous pourrez alors entrevoir alors la Florence du roman de McAuley, en pleine Révolution industrielle, trois cents ans avant l'Angleterre.

Les Conjurés de Florence allie habilement uchronie, polar et machine à vapeur. Le steampunk est assez limité et sert plutôt d'outil d'émerveillement. On s'extasie devant les prouesses de cette technologie presque clockpunk sans pour autant en voir la finalité, du moins au début. L'intérêt de cet ouvrage réside plutôt dans l'intrigue rondement menée et pleine de rebondissements mêlant tumulte politique, conspirations et quête personnelle.

Pour aller plus loin : *L'Âge de la déraison* (1998-2001), la tétralogie fantastique uchronique de Gregory Keyes.

Contre-jour

Titre : *Against the Day* (2008)
Auteur : Thomas Pynchon
Édition : Point, 2009, traduction de Claro
Résumé : Comment résumer les mille quatre cents pages du roman ? Cela commence au XIXe, à Chicago lors de l'Exposition universelle et cela s'achève après un long périple juste avant la Première Guerre mondiale. Entre-temps, Pynchon capture une époque dans un foisonnement de personnages, d'intrigues et de genres.

Commentaires : Quoi ? Nous faisons du plus grand écrivain américain vivant un auteur steampunk ? Oui, et alors ? Nous ne disons pas que Pynchon n'a écrit que du steampunk, ni qu'il soit conscient d'en avoir produit, mais nous sommes persuadés que la fiction rétro-futuriste est ici pleinement steampunk. Ce roman dense n'est pas d'une lecture aisée, c'est un euphémisme, mais la part d'exigence du texte récompense largement son lecteur. L'hommage à Jules Verne est magnifique, la paranoïa rampante, l'humour féroce, le roman kaléidoscopique. Les analyses sur son sens profond foisonnent. L'expérience de lecture (et de lecteur) s'avère totale.

Pour aller plus loin : Thomas Pynchon n'a jamais fait d'interviews ni d'apparitions publiques. On ne sait pas exactement à quoi il ressemble. Il est apparu cependant plusieurs fois dans les *Simpsons*. Nous ne sommes plus les mêmes depuis la lecture de son *V.* (1963).

LA CARTE DU TEMPS
Titre : *El mapa del tiempo* (2008)
Auteur : Felix J. Palma
Édition : Pocket, 2013, traduction de Marianne Millon
Résumé : L'agence Murray propose un produit tout à fait innovant, le voyage vers l'an 2000. Il n'en faut pas plus pour que le Tout-Londres de 1896, en mal de sensations et de nouveautés, ne se précipite pour découvrir les périls du futur. Andrew Harrington, gentilhomme dépressif depuis la mort en 1888 de la prostituée dont il était amoureux, Claire Haggerty, demoiselle de bonne famille au tempérament revêche et Wells, Stoker et James, écrivains ô combien célèbres, vont parcourir les méandres du temps dans trois histoires (presque des nouvelles) différentes.

Commentaires : Cataloguer ce roman dans le steampunk pourrait sembler exagéré et pourtant les grandes thématiques du genre sont réunies : science-fiction rétro, voyage dans le temps, intertextualité et (pseudo) uchronie. Les nouvelles sont de qualités inégales, mais restent plaisantes à lire (si on retire la propension agaçante qu'a l'auteur de s'adresser directement à son lecteur) et tournent toutes autour de la figure tutélaire de H. G. Wells. La construction des intrigues est vraiment intéressante et le lecteur est régulièrement étonné. Et quel plaisir de voir en action l'équipe de super écrivains Henry James, Bram Stoker et H. G. Wells !

Pour aller plus loin : *La Machine à voyager dans le temps* de Wells ou *Dracula* de Stoker. Les amateurs de voyages temporels steampunk pourront lire avec bonheur *Le Voyage de Simon Morley* (1970) de Jack Finney ou *Sans parler du chien* (1997) de Connie Willis.

Le Duc de Fer

Titre : *The Iron Duke (A Novel of the Iron Seas)* (2010)
Auteur : Meljean Brook
Édition : J'ai lu, 2013, traduction d'Agnès Girard
Résumé : 1901. La Horde, venue d'Europe, a asservi l'Angleterre pendant deux cents ans. Le Duc de Fer l'en a libéré et le pays doit toujours panser ses plaies. Mina Wentworth, une inspectrice de police, doit comprendre comment un cadavre a pu se retrouver dans la propriété de l'homme le plus aimé et le plus craint du royaume.

Commentaires : Publié dans la collection *romance* de J'ai lu, ce roman steampunk est le premier d'une série assez étonnante. En effet, la part de *romance* est assez crue, le personnage du Duc, en bon capitaine pirate, n'étant pas du genre à ménager la femme qu'il désire. La réussite du roman tient à sa part steampunk et à la forme de cruauté qu'il permet d'injecter dans un récit qui autrement serait par trop prévisible. Le couple, que tout oppose, franchit toutes les étapes attendues dans une telle littérature à formule. Un roman agréable, qui, s'il ne révolutionne pas le steampunk, permet d'en découvrir une des multiples incarnations.

Pour aller plus loin : Alors que l'édition américaine comporte une novella qui raconte une nouvelle aventure des héros, « Mina Wentworth and the Invisible City », elle est absente de l'édition française. Deux suites existent, *Heart of Steel* (2011) et *Riveted* (2012). Pour les amateurs de *romance* steampunk, vous pouvez penser aussi à *L'Étrange Pouvoir de Finley Jayne* de Kady Cross.

L'Étrange Affaire de Spring Heeled Jack

Titre : *The Strange Affair of Spring Heeled Jack* (2010)
Auteur : Mark Hodder
Éditeur : Bragelonne, 2013, traduction d'Olivier Debernard

Résumé : L'explorateur Sir Richard Burton est chargé de résoudre le mystère du Spring Heeled Jack, étrange personnage qui agresse des jeunes filles à travers le royaume. Le poète Algernon Charles Swinburne l'aide à démêler cette enquête.

Commentaires : La légende urbaine de *Spring Heeled Jack* (Jack Talons-à-Ressort en français) remonte à l'année 1837, quand sa figure sautillante et menaçante a commencé à apparaître à travers toute l'Angleterre. Mark Hodder s'empare de ce personnage mythique et propose une explication toute science-fictive à ses multiples apparitions. Mais ce n'est pas le véritable intérêt du roman. L'excellente idée est de présenter des personnages, Burton en tête, qui prennent conscience d'être dans un monde steampunk… alors qu'il ne devrait pas l'être. Ajoutez à cela une belle réflexion sur le temps, une bonne dose de série B, des références historiques à foison et un solide art de conteur pour vous convaincre d'enrichir votre bibliothèque avec ce titre.

Pour aller plus loin : Il s'agit d'une trilogie. Les volumes suivants sont *The Curious Case of the Clockwork Man* (2011) et *Expedition to the Mountains of the Moon* (2012). Et vous pouvez commencer à réclamer une traduction dès maintenant parce que chaque volume parvient à développer admirablement les thématiques, les personnages et les intrigues qui vous auront fait adorer le premier livre !

UN ENTRETIEN AVEC MARK HODDER

Mark Hodder[29] est un auteur anglais vivant loin du smog londonien en Espagne. Il est l'auteur des aventures de Sir Francis Burton et Algernon Swinburne, aventures dont il est occupé à écrire la deuxième trilogie. Son premier roman de la série Burton & Swinburne *: L'Étrange Affaire de Spring Heeled Jack vient de paraître en France.*

Comment définiriez-vous votre approche du steampunk ?

Je dirais que c'est du steampunk avec un but, une intention.

Alors que de nombreux auteurs créent un univers steampunk sans réellement expliquer pourquoi il existe, le mien est le résultat d'un enchaînement d'événements sur lesquels mes personnages enquêtent et qu'ils révèlent tout au long de mon premier roman.

La France découvre tout juste la trilogie de *Burton & Swinburne*. Pourriez-vous nous la présenter ?

Les romans de la série *Burton & Swinburne* mettent en scène des personnages historiques qui ont vraiment existé et des événements historiques qui ont vraiment eu lieu, mais dans une version alternative de l'histoire. Donc rien n'est historiquement vrai.

Au cœur de cette série, c'est la nature même du temps et de l'histoire qui sont mis en question. Les romans parlent des actions que nous engageons et de leurs conséquences, de la responsabilité de chacun et de l'influence qu'un seul homme peut avoir sur son époque. Je pose une question fondamentale : est-ce que, si chacun de nous avait été

[29] Site officiel : Mark Hodder Presents, http://markhodder.blogspot.fr

confronté à des challenges et des opportunités totalement différents, nous serions fondamentalement différents ?

La figure de *Spring Heeled Jack* n'est pas très connue en France. Pourriez-vous la présenter aux lecteurs français ?

Spring Heeled Jack a réellement existé, mais personne ne connaît son identité ou même s'il est humain. Il a été aperçu pour la première fois en 1837. Depuis lors, il a été repéré un peu partout en Grande-Bretagne et même, il y a peu, l'année dernière, alors qu'il traversait une autoroute.

Sa description varie d'une personne à l'autre, mais, généralement, on le dépeint avec des mains crochues et des yeux rouge flamboyant. Il porte un costume moulant sous un grand manteau noir et a un casque sur la tête. Certains avancent qu'il peut cracher du feu. Cependant, sa caractéristique principale est qu'il peut faire de gigantesques sauts dans les airs. D'habitude, il se jette sur les jeunes femmes, arrache leurs vêtements et s'enfuit d'un bond. *Spring Heeled Jack* est l'un des personnages les plus mystérieux de folklore britannique.

Était-il prévu de faire une trilogie dès le début ?

Non. À l'origine, j'ai écrit *L'Étrange Affaire de Spring Heeled Jack* comme un volume unique. Mais après m'être vu attribuer le Philip K. Dick Award et avoir lu d'excellentes critiques, j'ai compris que j'avais un lectorat qui en voulait plus. J'ai donc pris différents éléments de cette première histoire pour les développer et en faire six romans.

La première trilogie comprend *L'Étrange Affaire de Spring Heeled Jack*, *The Curious Case of the Clockwork Man* (non traduit) et *Expedition To The Moutains of the Moon* (non traduit). La deuxième trilogie regroupe The Secret of Abdu El Yezid (non traduit), The Return of the Discontinued Man (non traduit), que suis en train d'écrire et un dernier roman pour lequel je n'ai pas encore le titre.

Pourquoi avoir choisi d'utiliser des personnages ayant réellement existé, en particulier Sir Richard Francis Burton et Swinburne ?

Dès le début, j'ai eu envie de décrire des versions bizarres et tordues d'événements historiques, il m'a donc semblé logique d'y placer des personnages ayant réellement existé. Depuis de nombreuses années, je suis fasciné par Sir Richard Francis Burton. Ce fut un homme tellement incroyable, avec de nombreux talents, plein d'énergie et controversé, mais il avait aussi de gros défauts, ce qui m'a donné beaucoup de matière à explorer. Je ne vais pas profondément dans sa psyché dans le premier roman, mais, alors que la trilogie avance, il dévoile de plus en plus son « moi intérieur » et on le découvre se battant avec ses propres démons. Quant à Swinburne, c'était un ami très proche de Burton dans le monde réel et ils forment un duo tellement invraisemblable que je n'ai pas pu résister. Swinburne était alcoolique, excentrique et sadomasochiste. Un personnage comme celui-là est du pain béni pour un auteur !

Votre travail sur les aventures de *Sexton Blake* est plutôt impressionnant. Cela a-t-il eu une influence sur l'écriture des trilogies *Burton & Swinburne* ?

Ce que j'aime dans les histoires de Sexton Blake est que ses auteurs étaient très audacieux.

Lorsque l'on pense aux aventures de Batman et Robin et sa galerie de méchants excentriques comme le Joker, le Pingouin, Catwoman et le Sphinx, les auteurs de *Sexton Blake* ont fait tout ça bien avant. Ils se tiraient chacun la bourre pour créer les méchants les plus mémorables et les situations les plus rocambolesques. Au final, ils produisaient le meilleur des aventures que les lecteurs puissent trouver.

Quand j'ai commencé à travailler sur *Burton & Swinburne*, ça a été pour moi une grande influence. Je me disais : « Allez, fais comme les auteurs des aventures de *Sexton Blake*, lâche-toi. Sois fou ! »

Londres a une place particulière dans votre travail et aussi de façon plus générale dans le steampunk. Comment expliquez-vous l'attrait de cette ville ?

Londres est un endroit complexe. C'est une ville divisée dans laquelle le sordide côtoie l'éclatant, autant à l'époque victorienne qu'aujourd'hui. Il y a la ville et les bas-fonds.

Londres a une place cruciale pour le steampunk car c'est le cœur pourri d'un vaste empire. Cette ville symbolise ce que la Grande-Bretagne a de meilleur tout en servant de berceau à ce que cette nation a de pire car dans ses rues les riches et les puissants côtoyaient les faibles et les miséreux. Londres est autant belle et aguicheuse que laide et effroyable.

Et de ces contrastes naissent les histoires.

Vous avez déclaré dans une interview que les classiques de la littérature gothique tels que *Frankenstein*, *Dr Jekyll et Mister Hyde*, *Dracula* et *L'Île du Dr Moreau* vous ont influencé, comment cela se traduit-il dans votre travail ?

Dracula est une influence facilement décelable dans *The Secret of Abdu El Yezdi* car j'ai pris des scènes de ce roman et je les ai réimaginées, les mélangeant avec des faits historiques pour qu'au final un Bram Stoker âgé de douze ans puisse en être témoin. De façon moins évidente, la série *Burton & Swinburne* partage avec ces quatre classiques gothiques l'idée de « liminarité ». Je veux dire par là l'exploration de ce moment précis où une personne n'est ni une chose ni une autre, mais se trouve au moment exact de sa transformation.

La science est un thème central de vos livres, pensez-vous que le steampunk devrait questionner la science un peu plus ?

Je pense que tous les livres de tous les genres devraient remettre en question toutes les facettes de l'humanité et de son influence. Raconter des histoires c'est distrayant, mais ça offre aussi l'opportunité pour un écrivain de partager sa perplexité avec ses lecteurs. Dans mon cas, avec la série *Burton & Swinburne*, je dis : « regardez, je suspecte que ce n'est pas ce que l'on pense que c'est. Et pourquoi cela ne serait pas plutôt ça ou ça ou ça peut-être ? Qu'est-ce que vous en pensez ? » Je me pose des questions et j'encourage mes lecteurs à faire de même.

Oui, c'est vrai, les classiques de la littérature gothique mettent en cause la science parce qu'à l'époque, la science, en tant que discipline, commençait enfin avoir une réelle influence sur la vie des gens. La science leur faisait peur car c'était une discipline nouvelle qui questionnait leur façon habituelle de penser, basée sur la religion. Moi, je propose de faire l'inverse, de substituer la science à la religion. La science est rationnelle. La science offre des solutions. La religion, au contraire, est désuète, extrêmement dangereuse et donne le cancer. Regardez l'histoire de la religion ! Nous devons mettre en cause son utilité.

Pensez-vous donc que le steampunk ne remet pas assez en cause notre société ?

On ne questionne jamais assez. Et les réponses qui résultent de ce questionnement apportent toujours d'autres questions. C'est un cercle sans fin. L'essence de l'existence de l'homme est de poser des questions. Une personne sans curiosité est un cadavre ! Pourquoi sommes-nous sur Terre ? Y a-t-il une raison ? Comment pouvons-nous vivre du mieux possible ? Comment pouvons-nous améliorer notre existence ?

Le steampunk en particulier est lié à la notion d'empire, d'une société organisée en économies s'étendant sur des pays entiers. Qu'y a-t-il de plus pertinent que ça en ce moment ? Il suffit de regarder dans quel état est l'Union européenne et de nous poser cette question : est-ce que c'est ça que nous voulons ? Ne sommes-nous pas tous en train de nous faire manger tout cru par le monstre dévoreur de démocratie qu'est le capitalisme ? Nous ne sommes plus représentés politiquement ! Nous sommes chacun un minuscule engrenage d'une énorme machine ! Un très, très, très petit groupe de gens très, très, très riches, immoraux et corrompus nous ont tous réduits en esclavage ! Alors oui, nous nous devons de remettre tout en cause !

Pensez-vous que l'attrait pour le steampunk provient du fait que l'époque victorienne a beaucoup en commun avec notre société moderne ?

MARK HODDER

Les structures sociales sur lesquelles est bâti notre monde moderne ont été définies pendant la période victorienne. Les années 1800 ont marqué le début, les années 2000 marquent, je pense, le début de la fin. Je pense que le steampunk s'est imposé parce que nous suspectons, même de façon inconsciente, que la machine capitaliste est hors de contrôle, désuète, qu'elle est devenue terriblement destructrice et qu'il faut la remplacer par un système qui offre à chaque individu un plus grand respect, une vraie liberté et une véritable égalité.

Le steampunk se concentre sur le début, les années 1800, et nous expose le cœur du problème.

Vous avez fait un lien entre le steampunk et la philosophie punk des années 1970. Pensez-vous que le punk influence le steampunk ?

Non, pas vraiment. Je ne pense pas qu'il y ait beaucoup de punk dans le steampunk. J'avais quinze ans quand le punk a débuté et ça a eu forcément une profonde influence sur mes goûts et mes inclinaisons politiques et donc, inévitablement, sur mon écriture. Que je sois en train d'écrire du steampunk ou non. Des écrivains britanniques steampunk d'autres générations n'auront pas la même approche de la philosophie punk, quant aux écrivains américains, le punk a totalement un autre sens pour eux. Je ne suis pas en train de dire que je suis le seul authentique écrivain steamPUNK. Je dis juste que l'élément punk a un poids et un sens différent pour chaque auteur. Je suis de cette tranche d'âge qui ne peut voir le monde sans faire de lien avec la musique, la mode et la philosophie de la jeunesse britannique des années 1976-1983.

D'après vous, que doit faire le steampunk pour survivre en tant que genre littéraire ?

Je vais commencer par ce que le steampunk ne doit PAS faire. Le steampunk, ce n'est pas que des dirigeables, des chapeaux hauts de forme, des ombrelles et des corsets. Il y a eu une période dans les années 1960 durant laquelle la science-fiction n'était que vaisseaux spatiaux et pistolets laser et rien d'autre. À la fin des *sixties*, Michael Moorcock, J. G. Ballard, Philip K. Dick, Ray Bradbury ainsi que d'autres écrivains se sont retournés contre ça, en orientant la science-fiction vers elle-même, explorant l'espace intérieur plutôt que l'espace intersidéral.

Si les auteurs steampunk passent plus de temps à jouer avec l'esthétique du genre plutôt qu'à raconter des histoires ayant du sens et évoquer de réels problèmes, alors certes le mouvement continuera, mais aura perdu sa verve. Écrire une histoire dans un décor steampunk n'est pas assez. L'élément steampunk doit provenir de l'histoire elle-même, en être une partie essentielle, avec un poids et une portée symbolique. Tout le reste n'est que décoration.

L'Étrange Pouvoir de Finley Jayne
Titre : *The Girl in the Steel Corset* (2011)
Auteur : Kady Cross
Édition : Harlequin, coll. Darkiss, 2012, traduction d'Emmanuel Plisson

Résumé : 1897, Londres. Finley Jayne souffre d'un dédoublement de la personnalité. Quelque chose de violent et d'incontrôlable est tapi au fond d'elle-même et ne demande qu'à surgir. Sa rencontre avec Griffin, Duc de Greythorne, et son groupe d'amis aux pouvoirs extraordinaires va-t-elle lui permettre de reprendre le contrôle de sa vie ?

Commentaires : Darkiss est la collection *young adult/ romance* des éditions Harlequin. Le vaporiste exigeant sera sûrement déçu s'il cherche dans ce roman autre chose qu'un divertissement pour… jeune adulte. À ce titre, il nous est difficile d'être sévère avec ce livre tellement nous sommes conscients de ne pas être la cible marketing d'un tel projet. Tous les indices du steampunk sont cités, sans être utilisés. De la même manière, les personnages ne sont jamais pleinement fouillés, restant dans un bon goût propre à n'offenser aucun lectorat. Si vous avez envie de lire les atermoiements amoureux d'un groupe de X-Men à la sauce steampunk, vous savez sur quel titre vous pencher.

Pour aller plus loin : une nouvelle qui se déroule avant le roman est disponible en édition numérique, « L'Étrange Secret de Finley Jayne ». Une suite existe, *The Girl in the Clockwork Collar* (2012) tandis que *The Girl with the Iron Touch* doit paraître en 2013.

FILS DU CIEL
Titre : *Airborn* (2004)
Auteur : Kenneth Oppel
Édition : Bayard, 2004, traduction de Luc Rigoureau
Résumé : Matt Cruse est un garçon de cabine à bord de l'aérostat *L'Aurore*. Passionné par le vol, lui dont le père est mort dans le même vaisseau, il rêve de faire carrière sur ce dirigeable. Un an auparavant, il avait héroïquement participé au sauvetage d'une montgolfière, dont l'unique passager, un vieillard, lui a confié avoir vu d'extraordinaires créatures volantes. Aujourd'hui, il rencontre une nouvelle passagère, Mlle Kate de Vries, petite fille du naufragé, déterminée à retrouver les créatures que pourchassait son grand-père.

Commentaires : Pirates, naufrage, créatures extraordinaires, comment ne pas penser à Jules Verne ? Les personnages sont tranchés, les rebondissements multiples, le scénario solide et cohérent. Un roman steampunk original parce qu'il emprunte les codes, l'ambiance et l'appel du large au roman maritime. Ce récit initiatique prend alors tout son sens. Ce premier volume d'une trilogie intitulée en version originale *Starclimber* est de la littérature de grande tenue, avec en plus le vent du large qui souffle.

Pour aller plus loin : Le roman compte deux suites : *Brise-ciel* (*Skybreaker*, 2005) et *Au-delà du ciel* (*Starclimber*, 2008). Nous recommandons aussi comme livre jeunesse, *Mécaniques fatales* (2001) de Philip Reeve.

L'Invention de Hugo Cabret
Titre : *The Invention of Hugo Cabret* (2007)
Auteur : Brian Selznick
Édition : Bayard, 2004, traduction de Danièle Laruelle
Résumé : Paris, 1931. Hugo Cabret est un orphelin qui se cache dans une gare parisienne. Il tente de réparer l'automate que lui a légué son père et, dans le même temps, il noue une relation avec la nièce d'un vieux marchand de jouets.

Commentaires : Le livre est merveilleux par le mélange qu'il offre entre littérature, roman et cinéma. Aussi impro&bable que cela puisse paraître, l'auteur parvient à fusionner les trois, dans la forme comme dans le fond. Les pages illustrées sont comme des photogrammes qui poursuivent la narration, passant des mots à l'image, et inversement, dans un même mouvement. L'ambiance est délicieusement envoûtante. Ce n'est certainement pas du steampunk au sens traditionnel du terme, mais les éléments référentiels sont présents, l'aspect uchronique également. La richesse du steampunk est d'apparaître ici en mode mineur, sans dirigeable ni scène d'action explosive, mais plutôt comme un récit initiatique aussi délicat que les rouages d'un automate déréglé.

Pour aller plus loin : Voir le film qu'en a tiré Martin Scorcese en 2011, qui offre une magnifique rêverie autour des films de Méliès.

Léviathan

Titres : *Leviathan* (2009), *Behemoth* (2010) et *Goliath* (2011)

Auteur : Scott Westerfeld

Édition : Pocket Jeunesse, 2010-2012, traduction de Guillaume Fournier et illustrations de Keith Thompson

Résumé : À l'aube de la Première Guerre mondiale. Les Darwinistes (l'ouest de l'Europe) ont réussi à modifier l'ADN des êtres vivants pour en faire des machines de guerre. Les Clankers (Allemagne et Autriche-Hongrie) préfèrent utiliser des machines à moteur pour mouvoir leurs chars d'assaut à plusieurs pattes et leurs canons Telsa à électricité. Alek, Clanker et fils de l'Archiduc d'Autriche-Hongrie François Ferdinand, est contraint à l'exil suite à l'assassinat de son père. Il va croiser Deryn, demoiselle britannique férue d'aéronautique, qui se fait passer pour un garçon sous le nom de Dylan pour intégrer l'armée et le fleuron de la flotte britannique, le *Léviathan* en partance pour une mission scientifique à Constantinople.

Commentaires : Scott Westerfeld sert une belle uchronie inventive doublée d'une histoire d'amour/amitié digne de Roméo et Juliette. La série est magnifiquement illustrée par Keith Thompson qui a travaillé de concert avec Westerfeld lors de l'écriture des ouvrages.

Elle laisse libre court à l'imagination débordante de Westerfeld, les créatures darwinistes sont toutes plus impressionnantes les unes que les autres et il réussit à réinterpréter les traditions des peuples qu'ils croisent avec brio.

Cette série parle d'amitié, de la parole tenue et évoque l'éveil des sentiments amoureux adolescents. Les quelques incohérences scénaristiques ne rendent pas moins la lecture de cette série incontournable.

À noter le petit cahier explicatif à la fin de chaque tome pour dénouer les faits historiques de l'invention pure.

Pour aller plus loin : un quatrième volume existe, *The Manual of Aeronautics* (2012). Il est constitué d'illustrations inédites de Keith Thompson. *Léviathan* (le tome 1) a reçu le prix Locus et le prix Elbakin.net, tandis que le tome 2, *Béhémoth*, a reçu le prix ActuSF de l'uchronie en 2012.

Les Loups-garous de Londres
Titre : *The Werewolves of London* (1990)
Auteur : Brian Stableford
Édition : J'ai lu, 1993, traduction de Jean-Daniel Brèque
Résumé : Égypte, 1872. David Lydyard, malade, empoisonné, délire. Des visions cauchemardesques l'assaillent. Plus tard, de retour en Angleterre, David doit affronter des dangers auxquels rien ne semblait le préparer : des loups-garous… Et peut-être même un combat encore plus grand, de proportion biblique.

Commentaires : Il n'est pas aisé de résumer un tel roman sans laisser filtrer une information qui vous en gâcherait la découverte. Entre l'Égypte éternelle et la Londres maléfique, Stableford s'amuse à composer un récit qui emprunte sans vergogne les chemins du roman populaire. Déjà vu ? Certes. Mais l'originalité de Stableford est ailleurs. Il traite son sujet – la reprise d'un thème fantastique classique, le loup-garou – avec une méthode et une rationalisation du monstre qui fait tout l'intérêt de sa démarche. Il nous rappelle enfin, dans la lignée d'un Tim Powers, que le steampunk n'est pas que la machine à vapeur.

Pour aller plus loin : Les autres romans de la série sont *L'Ange de la douleur* (*The Angel of Pain*, 1991) et *The Carnival of Destruction* (non traduit, 1994). Nous vous conseillons également *L'Extase des vampires* (*The Hunger and Ecstasy of Vampires*, 1996). Dans un genre plus farfelu, mais avec de similaires thématiques égyptiennes, jetez-vous sur *Les Voies d'Anubis* de Tim Powers bien sûr !

New Victoria
Titre : *New Victoria* (2011)
Auteur : Lia Habel
Édition : Castelmore, 2012, traduction d'Audray Sorio

Résumé : Suite à un bouleversement climatique, l'humanité est scindée en deux groupes : ceux qui refusent toute nouvelle technologie et se réfugient dans un mode de vie désuet – les néo-victoriens – et ceux qui cherchent à créer une autre société – les punks. Le roman suit Nora, une jeune femme de la bonne société, dont le père, un éminent scientifique a disparu, et Bram… un mort-vivant qui a bien du mal à contrôler les multiples sentiments que Nora provoque en lui.

Commentaires : Il fallait bien que cela arrive ! Voilà du steampunk à la sauce bit-lit… La bit-lit est ce sous-genre de la *fantasy* dont l'un des thèmes principaux est les vampires : pensez à *Buffy contre les vampires* ou encore au succès planétaire de la saga *Twilight*. La romance entre une jeune fille, victorienne jusqu'aux mollets, et un zombie peut surprendre, agacer ou vous être indifférent selon votre degré de tolérance à l'idée aussi originale que très convenablement traitée ici. Point de transgression ni de rapport trouble à l'autre, le roman est destiné à un public adolescent et limite par conséquent autant ses passages descriptifs que ses ambitions. Tout au plus, on peut apprécier le choix de l'alternance des points de vue, entre Bram et Nora, permettant d'explorer les sentiments des protagonistes.

Pour aller plus loin : Amateurs de *romance* steampunk, *L'Étrange Pouvoir de Finley Jayne* de Kady Cross est pour vous ! Sinon, vous pouvez lire la suite du roman intitulée *Rébellion* (2013).

PERDIDO STREET STATION
Titre : *Perdido Street Station* (2000)
Auteur : China Miéville
Édition : Pocket, 2006, traduction de Nathalie Mège
Résumé : Nouvelle-Crobuzon : une incroyable métropole où Isaac Dan der Grimnebulin gère sa liaison illégale avec Lin, une alien, et l'appel à l'aide d'un homme-oiseau qui souhaite pouvoir voler de nouveau.

Commentaires : Roman baroque, dense et complexe, *Perdido Street Station* n'est pas un roman steampunk. Ou plutôt il est le roman de l'après steampunk, celui qui pousse à l'extrême la notion d'imaginaire de la ville, celui qui intègre si totalement le rétro-futurisme qu'il en devient métamorphosé entre science-fiction et fantastique. Ce roman ne parle pas de Londres, mais de Nouvelle-Crobuzon, une cité incroyable où toutes les formes de vie, toutes les crapuleries et tous les sublimes cohabitent. La dystopie est à l'œuvre et l'espoir reste ténu. China Miéville a une écriture riche et imagée qui entraîne son lecteur au bord de l'abîme. Du grand art.

Pour aller plus loin : Pour continuer avec un autre inclassable indispensable, on se doit d'évoquer ici Thomas Pynchon, notamment son *Contre-jour* (2008) immense roman, à la fois suprêmement dense et profond.

PLANÈTE LARKLIGHT
Titre : *Larklight* (2006)
Auteur : Philip Reeve
Édition : Gallimard Jeunesse, 2007, traduction de Jean Esch

Résumé : Arthur et sa sœur Myrtle vivent à bord de leur vaisseau-maison, Larklight. Leur père se consacre à ses recherches, laissant les enfants s'ennuyer passablement. C'est qu'on ne croise pas foule quand votre maison navigue au fin fond de l'espace… Mais l'aventure frappe à leur porte sous la forme d'une araignée du nom de Mr. Webster…

Commentaires : Pirates, cachalot et cactus ! Il s'agit de sauver l'Empire britannique de la menace arachnéenne ! Le récit est enlevé, le steampunk débridé. Les influences se côtoient et se multiplient, entre récit de piraterie et rencontres loufoques avec des créatures comiques et improbables. Attention, ce livre est avant tout destiné aux jeunes lecteurs, ou à ceux qui ont encore leur âme d'enfant…

Pour aller plus loin : Philip Reeve a écrit une suite, *L'Hôtel étrange* (*Starcross*, 2007), qui se déroule dans une bien suspecte station balnéaire non loin d'une ceinture d'astéroïde. La trilogie se clôture avec *Mothstorm* (2008), inédit à ce jour en français.

LES REVENANTS DE WHITECHAPEL
Titre : *The Affinity Bridge* (2008)
Auteur : George Mann
Édition : Éclipse, 2011, traduction de Pierre-Paul Durastanti

Résumé : Sir Maurice Newbury et son assistante Veronica Hobbes doivent abandonner leur enquête sur les assassinats mystérieux de Whitechapel : la reine Victoria leur ordonne de se concentrer sur un accident terrible, celui d'un dirigeable en plein cœur de Londres…

Commentaires : Premier volume des *Enquêtes extraordinaires de Newbury & Hobbes*, le récit mélange allègrement paranormal, enquête policière et science déviante. Si le cœur de l'intrigue est rapidement éventé pour le lecteur un peu aguerri, la vivacité de son déroulement est plaisante et permet de passer un moment agréable. Le seul reproche que l'on puisse faire au roman est d'être d'un steampunk très traditionnel : son monde victorien n'est au final que relativement peu exploité. Mais George Mann compense ce manque d'ambition dans la création du monde par un réel plaisir de la narration et son humour dans la peinture de son couple de héros victoriens.

Pour aller plus loin : Les nouvelles « The Hambleton Affair » et « The Shattered Teacup » sont disponibles gratuitement en ligne. La série comporte également : *The Osiris Ritual* (Snowbooks, 2009), *The Immorality Engine* (Snowbooks, 2011) et *The Executioner's Heart* (Titan Books, 2013). Pour rester dans le quartier de Whitechapel, lisez *Viktoria 91* (2002) de Pierre Pevel.

GEORGE MANN

George Mann[30] est un écrivain britannique, auteur de la série Newbury & Hobbes *dont le premier tome,* Les Revenants de Whitechapel, *a été publié en France chez Éclipse. Il est aussi auteur de nombreuses nouvelles et novellas et a dirigé des anthologies de science-fiction.*

Pour vous, est-ce que la série *Newbury & Hobbes* est steampunk ?

C'est une question intéressante et j'y ai beaucoup réfléchi ces dernières années. Je connais beaucoup de gens qui considèrent ma série *Newbury & Hobbes* steampunk. Mais ce n'est pas vraiment mon cas. Ce qui est sûr c'est que je n'ai pas écrit Les Revenants de Whitechapel en voulant en faire un roman steampunk.

Ce que je fais, c'est piocher dans une abondante source de fantastique victorien et d'uchronie, un peu comme tous les auteurs steampunk. Ce que je veux dire c'est que nous avons une unité de tons et quelques éléments communs. Mais ce que je ne fais pas avec *Newbury & Hobbes* c'est la partie « punk », le côté contre-culture. Je fais donc plus du steam-fantastique que du steam-punk.

Mais au final, tout ça dépend de votre définition personnelle du steampunk. Je ne pense pas que la plupart de ce qui est vendu aujourd'hui sous l'étiquette steampunk ait beaucoup d'éléments steampunk.

Selon vous, quels éléments apportent la dimension steampunk à votre série ?

Comme je l'ai dit un peu plus haut, je pense que les éléments que les gens considèrent steampunk dans *Newbury*

---

[30] Site officiel : George Mann, http://georgemann.wordpress.com/

& Hobbes sont principalement cosmétiques et sont des briques que j'utilise pour donner de la consistance et créer des histoires.

Je parle d'éléments comme les débris du dirigeable dans *Les Revenants de Whitechapel*, ou les automates mécaniques, les cabs à vapeur, ce genre de choses.

Ce qui fait fonctionner ces machines ne m'intéresse pas, mais l'esthétique qui s'en dégage, oui. Ce qui les fait marcher c'est un peu de la magie.

Pourquoi avez-vous choisi d'écrire une série steampunk ? Et qui plus est une série avec un steampunk classique ?

J'ai toujours été attiré par le Londres victorien en tant que décor. Je pense que cette époque est assez éloignée dans le temps pour qu'on ait l'impression d'un autre monde, une autre ère, mais assez proche pour qu'on puisse presque la toucher. Mis à part le trafic routier et les néons, quand on se promène dans Londres aujourd'hui, on peut encore sentir la ville victorienne.

Le XIXe siècle est l'époque des inventions géniales et du développement industriel, de l'extrême pauvreté et de l'énorme richesse, des changements politiques, de la lente transition du vieux monde vers une nouvelle société. Tout était possible, pour peu que l'on s'en donne la peine.

Il y a quelque chose d'excitant de voir tout ça rassemblé en une seule époque. Et les allées brumeuses de cette métropole tentaculaire sont pleines de poésie.

En plus, j'ai toujours été un énorme fan de Sherlock Holmes et l'époque victorienne marque le début de la modernisation de la police et des techniques d'investigation. C'est aussi ça que j'ai essayé d'explorer dans mes livres.

UN ENTRETIEN AVEC GEORGE MANN

Quelle est votre définition du steampunk ?

J'ai évité de répondre un peu plus haut car, honnêtement, je n'en suis pas très sûr. Pour moi, un indice probant se situe dans le mot « punk ». Il s'agit de contre-culture, de philosophie *Do it yourself*, de politique et de révolution. Si on mélange tout ça avec un contexte historique et que l'on se demande comment un mouvement peut altérer l'histoire, on obtient un terreau intéressant pour de la fiction.

Pour vous, quels éléments basiques un roman steampunk se doit d'avoir ?

Et bien si je continue mon enchaînement logique, alors tout tourne autour de l'attitude, cette approche liée à la contre-culture. Et bien sûr, la période historique. Je pense qu'il y a une période entre le milieu du XIXe et le début du XXe durant laquelle toute cette technologie à vapeur dont nous parlons prend tout son sens. Hors de tout ça, je pense que ça devient autre chose.

Comment expliquez-vous l'intérêt que suscite le steampunk depuis quelques années ?

Je pense que c'est aussi une histoire de contre-culture et de mode. Le steampunk est devenu un mouvement basé sur la mode. Et c'est là que l'aspect « punk » attire l'attention. Beaucoup des gens qui se considèrent « steampunk » auraient probablement été gothiques il y a vingt ans ou punks vingt ans encore avant. J'ai discuté avec des vaporistes qui confectionnent eux-mêmes leur costume, qui se rencontrent régulièrement, je vois tout ça comme un mouvement culturel.

Et c'est là, à mon avis, que l'on peut placer les aventures que j'écris, pour être honnête. Plutôt qu'être des histoires steampunk, c'est plutôt des récits qui parlent aux personnes qui s'intéressent au mouvement steampunk. Ce sont l'esthétique, les personnages, le décor de mes romans qui correspondent à ce qui intéresse les vaporistes.

Vous avez écrit des aventures du Dr Who éditées en livres audio, comment expliquez-vous que le Docteur intéresse aussi la communauté steampunk ?

Je pense que c'est l'esprit aventurier du Docteur. Sa débrouillardise, le fait que ce soit un *outsider*, un champion de la contre-culture. Et bien sûr, il a eu de grandes aventures à l'époque victorienne ! L'un des épisodes avec Tom Baker, « The Talons of Weng-Chiang », sorte d'histoire protosteampunk, est une influence majeure pour de nombreux écrivains que je connais.

LES ROYAUMES DU NORD
Titre : *Northern Lights* (2000)
Auteur : Philip Pullman
Édition : Folio Junior, 2007, traduction de Jean Esch
Résumé : Lyra est une jeune fille élevée dans le Jordan College de la prestigieuse université d'Oxford. Désespérément seule dans ces grands bâtiments et accompagnée de son daemon (sorte de manifestation physique de l'âme), elle rêve d'aventures. Alors, quand son seul ami est enlevé, elle décide de s'échapper de l'emprise de la diabolique Mme Coulter et de poursuivre les kidnappeurs, jusque dans le Grand Nord.

Commentaires : *Les Royaumes du Nord* est un roman *young adult* écrit par l'un des rois dans l'art du conte. De nombreuses touches steampunk sont distillées tout au long du livre en particulier par le biais d'objets mécaniques ou par l'ambiance délicieusement rétro. Mention spéciale pour l'aléthiomètre, sorte de grosse boussole utilisée pour connaître la vérité.

Les personnages sont savoureux et plus vrais que nature tandis que l'action demeure haletante.

Pour aller plus loin : Adapté au cinéma sous le titre *À la croisée des mondes : la boussole d'or* (2007) par Chris Weitz. *Les Royaumes du Nord* est le premier tome de la série *À la croisée des mondes*, nous ne saurions donc que vous conseiller de lire *La Tour des anges* et *Le Miroir d'ambre*. N'oubliez pas également de jeter un coup d'œil à la série du même auteur, *Sally Lockhart* (Gallimard Jeunesse).

SANS ÂME (LE PROTECTORAT DE L'OMBRELLE)
Titre : *Soulless* (2009)
Auteur : Gail Carriger
Édition : Le Livre de Poche, 2012, traduction de Sylvie Denis

Résumé : Alexia Tarabotti a trois problèmes. D'abord, elle est une vieille fille, ensuite elle a hérité du caractère italien de son père, enfin, elle n'a pas d'âme ! Elle est par conséquent insensible aux pouvoirs des créatures fantastiques – des vampires et des loups-garous – qui circulent dans ce Londres victorien. Entre étiquette victorienne et mystère policier, Alexia doit résoudre l'énigme des multiples assassinats de vampires qui endeuille la ville.

Commentaires : Un mélange réussi entre le steampunk et l'*urban fantasy*, mêlant créatures fantastiques revisitées et univers victorien décalé. Charme, humour et traits d'esprit. Ce ne sont ni les scènes d'action ni les rebondissements que l'on retient après la lecture de ce roman : ce sont les personnages qui ont toute notre attention et qui donnent tant envie de prolonger notre plaisir en lisant les volumes suivants. C'est exactement le genre de livre que l'on peut offrir pour faire découvrir ce qu'est le steampunk.

Pour aller plus loin : Le reste de la saga est composé de *Sans Forme* (*Changeless*, 2010), *Sans Honte* (*Blameless*, 2010), *Sans Cœur* (*Heartless*, 2011) et *Sans Âge* (*Timeless*, 2012). En 2013, Gail Carriger a lancé une nouvelle série, orientée jeunesse, se situant dans le même univers : *Finishing School*, avec *Etiquette & Espionage* (2013).

LA TRILOGIE STEAMPUNK
Titre : *The Steampunk Trilogy* (1995)
Auteur : Paul Di Filippo
Édition : J'ai lu, 2000, traduction de Monique Lebailly
Résumé : À Londres, la jeune reine Victoria a disparu à la veille de son couronnement. Seule solution pour éviter le scandale : la remplacer provisoirement par une étrange créature mi-femme mi-salamandre qui lui ressemble… Ailleurs, dans le Massachusetts, le grand savant Agassiz compte bien prouver scientifiquement et définitivement la supériorité de la race blanche. Quant à la poétesse Emily Dickinson, il fallait qu'elle tombe amoureuse de Walt Whitman pour oser s'aventurer dans le royaume des morts, où elle va rencontrer le jeune Allen Ginsberg.

Commentaires : Ces trois nouvelles sont une bonne entrée en matière pour qui désire découvrir le steampunk. Intertextualité, multiples références et humour féroce feront le bonheur des lecteurs qui auront déjà une certaine culture littéraire. Les deux premières nouvelles sont loufoques et pleines de fantaisie dans le plus pur esprit des romans à l'origine du steampunk, notamment *Machines infernales* de Jeter et *Homunculus* de Blaylock. La troisième ne prend toute sa portée que si vous connaissez un peu l'œuvre de Walt Withman et Emily Dickinson, les deux personnages principaux du récit…

Trois courtes histoires savoureuses à lire et à relire d'autant plus que pour deux d'entre elles, l'action se situe aux États-Unis ce qui est assez rare pour le noter.

Pour aller plus loin : Lire ces nouvelles risque de vous faire prendre conscience combien certains textes plus récents sont ternes !

Le Worldshaker

Titre : *Worldshaker* (2009)
Auteur : Richard Harland
Édition : Hélium, 2010, traduction de Valérie Le Plouhinec

Résumé : Le *Worldshaker*… un vaisseau gigantesque et hors-norme qui est surtout le condensé d'une société errante. À son bord se trouvent les derniers survivants de l'aristocratie anglaise avec la reine Victoria III. Les nobles ne sont pas les seuls passagers. Des Larbins, muets et dociles, sont là pour les servir. À fond de cale se trouvent les Immondes, que personne ne côtoie, mais qui sont chargées de la tâche ô combien capitale de nourrir en charbon des immenses chaudières cachées dans les tréfonds des niveaux inférieurs.

Commentaires : Cet ouvrage est destiné à la jeunesse. *Le Worldshaker* a trois enjeux principaux. Tout d'abord, offrir un roman initiatique, qui permet de voir évoluer un personnage alors qu'il perd ses préjugés, qu'il prend des risques pour défendre ses convictions et mène un combat juste. Colbert, petit-fils du commandant croise une Immonde et doit ouvrir les yeux à cause d'elle. Ensuite, le récit illustre la notion de classe sociale, chaque étage du *Worldshaker* étant une métaphore de la stratification sociale au XIXe. Enfin, *Le Worldshaker* développe un discours écologique, sur la nécessité de vivre en harmonie avec la planète et ses ressources.

Pour aller plus loin : Le romancier australien a écrit la suite, *Le Liberator* (2011), qui examine les suites de la Révolution (qui a parlé de la Terreur ?).

Le steampunk francophone

UN AN DANS LES AIRS
Sous-titre : *Voyage extraordinaire dans la cité volante d'après l'œuvre de Jules Verne*
Auteurs : Raphaël Albert, Jeanne-A. Debats, Raphaël Granier de Cassagnac, Johan Heliot. Illustrations de Nicolas Fructus
Édition : Mnémos, 2013
Résumé : Jules Verne, Philippe Daryl, Félix Nadar et Julie Servadac embarquent pour une aventure extraordinaire, qui les mènera à bord de la cité utopique de Célesterre, qui flotte dans les airs et qui cache de nombreux secrets.

Commentaires : Le roman n'est pas au sens strict steampunk. En effet, il ne propose pas de se plonger dans un univers vernien dans un mouvement rétro-futuriste mais au contraire d'imaginer un *Voyage extraordinaire* de plus, le voyage de tous les voyages si on ose dire. Néanmoins, la dimension métafictionnelle est bel et bien présente, notamment avec la présence des notes de Philippe Daryl, qui – longtemps après l'aventure – fait le lien entre les événements et l'œuvre de Verne… Vous l'avez compris, cette aventure est celle qui nourrira l'ensemble du canon vernien ! En outre, le travail à plusieurs auteurs se matérialise par la juxtaposition de plusieurs voix, chaque personnage tenant son journal intime, qui s'entremêlent, se contredisent parfois et se complètent toujours. Bien évidemment, le livre prend toute son ampleur par les illustrations de Nicolas Fructus, souvent superbes.

Pour aller plus loin : Si vous n'avez pas envie de (re)lire du Jules Verne après cela…

Le Baron noir
Sous-titre : *L'ombre du maître espion*
Auteur : Olivier Gechter
Édition : Céléphaïs, 2013

Résumé : France, 1864. Napoléon est mort durant la bataille d'Austerlitz, la France du XIXe domine le monde. Antoine Lefort, magnat de l'industrie, est un jeune homme qui mène une vie agréable… si les plans de ses projets les plus secrets n'étaient régulièrement volés. Et qu'en est-il de cet étrange Baron noir qui s'attaque à la pègre dans les rues de Paris ?

Commentaires : Cette longue nouvelle d'une centaine de pages, une novella, se lit d'une traite avec un grand plaisir. La forme resserrée du récit permet de privilégier le rythme et l'action, sans pour autant négliger de raconter cette naissance d'un Batman à la sauce franco-steampunk ! Mais loin d'un récit vaguement uchronique, il s'agit ici d'un texte cohérent et prestement mené, avec la description d'une France autre et joliment steampunk, où les points historiques s'assemblent dans un tout qui donne l'impression que le monde décrit est toujours plus vaste que celui du seul cadre de l'action. Le récit pose les bases d'aventures à venir. Nous voyons naître un nouveau héros français, qui ne pourrait que plaire aux amateurs de fictions anciennes.

Pour aller plus loin : Acheter le livre ! Nous adorons l'idée qu'une sorte de feuilleton puisse se développer, racontant de nouvelles aventures du Baron noir. Si vous êtes curieux de lire des aventures des super-héros français, vous pouvez vous pencher sur celles du Nyctalope de Jean de La Hire (créé en 1911 !) ou lire *La Brigade chimérique*.

Bohème
Auteur : Mathieu Gaborit
Édition : Folio SF, 2010
Résumé : Louise Kechelev, avocate-duelliste, est chargée de récupérer la cargaison d'un dirigeable échoué, le *Lysandër*. De mystérieuses créatures agitent l'Écryme au-dessus de laquelle un vaste réseau de voies ferrées permet de circuler. Pendant ce temps, la Révolution gronde à Moscou.

Commentaires : Composé de deux ouvrages (*Les Rives d'Antipolie* et *Revolustya*), *Bohème* est une œuvre assez méconnue de Mathieu Gaborit, mais dans laquelle il démontre encore une fois quel écrivain ingénieux et inventif il peut être. Le personnage principal est poussé par les événements à devenir l'héroïne de cette saga romanesque et à renverser l'ordre établi (une composante majeure du travail de l'auteur).

Gaborit est un créateur de monde et *Bohème* ne déroge pas à la règle. Alors que nombre d'ouvrages steampunk placent leur action dans un monde souvent occidental et victorien, le récit de *Bohème* se situe dans une Europe de l'Est alternative rongée par l'Écryme, substance corrosive qui s'attaque à tout et à tous et qui est sujette à de nombreuses spéculations et superstitions, et contrôlée par la Propagande, régime autoritaire et dictatorial. Passerelles en métal, voitures à vapeur et dirigeables inscrivent cet ouvrage sous la bannière de l'esthétique steampunk.

Même si l'histoire s'essouffle un peu dans la deuxième partie du récit, Gaborit émaille son texte de trouvailles littéraires brillantes et rend *Bohème* incontournable.

Pour aller plus loin : Le jeu de rôle *Écryme* de Mathieu Gaborit et Guillaume Vincent précède les ouvrages et a été édité en 1994.

BLOODSILVER
Auteur : Wayne Barrow (Xavier Mauméjean et Johan Heliot)
Édition : Folio SF, 2010
Résumé : 1691, Manhattan voit débarquer des créatures assoiffées de sang, de cette espèce que les Grecs appelaient Broucolaques, des vampires qui seront connus sous le nom de Brooks. Ils partent vers l'Ouest, dans un sinistre convoi de chariots protégés par du plomb. 1692, à Salem, est fondée la Confrérie des Chasseurs bien déterminée à arrêter cette abomination. Et voilà une nouvelle histoire des États-Unis qui nous est racontée…

Commentaires : Billy The Kid, Pat Garret, Wyatt Earp, la veuve Winchester et bien évidemment Mark Twain. Wounded Knee, la fusillade d'OK Corral, vous en voulez encore ? Le postulat de départ est simple : lassés d'être pourchassés sans cesse en Europe, les vampires ont décidé de migrer vers la jeune Amérique. Ainsi de leur arrivée à l'époque des pères fondateurs jusqu'à la Première Guerre mondiale, c'est toute la mythologie américaine qui est relue à travers cette uchronie fantastique. Chaque chapitre prend la forme d'une nouvelle qui raconte un épisode de cette fresque. Les auteurs s'amusent à explorer un genre cinématographique, en employant un style tout en efficacité et en dynamisme.

Pour aller plus loin : Peu de roman de *weird west* sont disponibles en Français mis à part *La Tour du diable de Mark Summer* (Pocket, 1996). Côté bande dessinée, nous vous recommandons *Je tuerai encore Billy The Kid* (Clair de Lune, 2008), *Billy Wild* (Akileos, 2009) ou *Lune d'argent sur Providence* (Vents d'Ouest, 2008). Les deux auteurs ont aussi investi un autre pseudonyme, celui de Luc Dutour, pour écrire de joyeuses nouvelles steampunk réunies dans le recueil *Section des Statistiques* (Les Moutons électriques, 2010).

CONFESSIONS D'UN AUTOMATE MANGEUR D'OPIUM
Auteurs : Fabrice Colin et Mathieu Gaborit
Édition : Bragelonne, 2013
Résumé : 1899. L'Exposition universelle bat son plein dans un Paris steampunk. Margaret, une jeune actrice prometteuse, et son frère Théo, un aliéniste, s'improvisent détectives pour comprendre les raisons de la mort d'une de leurs amies précipitée hors d'un aéroscaphe pour s'écraser sur les marches de l'opéra Garnier.

Commentaires : Pas de limite ! Tel est le maître mot de ce roman qui assume ses influences fin de siècle pour proposer une belle tentative d'écrire un roman steampunk à la française. Du roman populaire, on retrouve les courses-poursuites, les rebondissements et le savant fou de rigueur, du steampunk nous avons l'éther, substance étrange et merveilleuse dont toutes les nouvelles technologies semblent dépendre. Il manque juste un je-ne-sais-quoi pour rendre le roman pleinement réussi. Peut-être un grain de folie supplémentaire, qui en ferait un classique.

Pour aller plus loin : Une suite ? Cet ouvrage était prévu en 1999 comme le premier volume d'une série.

MATHIEU GABORIT

UN ENTRETIEN AVEC

Mathieu Gaborit est un auteur français issu du jeu de rôle. Il a connu le succès avec sa série de fantasy Les Chroniques des Crépusculaires[31]. *Il a écrit un cycle steampunk,* Bohème, *et un roman à quatre mains avec Fabrice Colin,* Confessions d'un automate mangeur d'opium.

Quelle est votre définition du steampunk ?
La machine romantique.

Cela fait quoi d'être considéré comme un des pères du steampunk francophone ?
C'est une paternité que je décline. De nombreux auteurs francophones ont honoré le genre.

Si on revient en arrière, quelles étaient les caractéristiques qui définissaient le projet *Bohème* ?
L'urbanité, avant tout. Le rapport de l'homme à la machine et à la cité. L'Écryme, cette substance corrosive qui recouvre le monde, incarne une nature disparue qui synthétise l'imaginaire. Comme une espèce de boue primordiale des émotions humaines. Guillaume Vincent, comme moi, voulait interroger cette fracture entre l'homme et la nature.

Comment est né *Bohème* ?
À l'origine, l'univers de *Bohème* est un jeu de rôle, *Écryme*, que nous avons conçu à deux avec Guillaume Vincent. Le décès brutal de Guillaume a été une motivation forte pour lui rendre hommage à travers *Bohème* en prolongeant l'univers à travers des romans.

---

[31] Mnémos, 2007.

MATHIEU GABORIT

Avec le recul, qu'est-ce que vous aimeriez changer ?

Rien. L'intention qui a présidé la naissance d'*Écryme* était sincère et instinctive. En revanche, l'évolution de l'univers dans la dernière mouture de *Bohème* publiée en grand format chez Mnémos évoque l'essentiel : l'apparition des Dieux Froids, autrement dit des dieux inspirés par une anthropomorphie-machine.

Pourquoi avoir choisi de placer l'intrigue de *Bohème* pendant la Révolution russe ?

Pour plusieurs raisons. Depuis longtemps, j'ai la sensation d'avoir la Russie dans mon ADN, comme une réminiscence. Quand j'entends parler la langue, j'ai une véritable sensation physique comme si j'étais un vieil instrument qu'un musicien retrouvait dans son grenier pour l'accorder et en jouer.

Je voulais également parler de la dernière grande utopie du siècle dernier. J'ai eu une sensibilité communiste forte. Je parle de la théorie, bien sûr, pas du stalinisme. La Révolution russe est une « aventure » majestueuse dans sa dimension humaine.

Est-ce que vous avez déjà eu envie de retourner dans l'univers de l'Écryme ?

Oui. Mais ce serait évidemment pour installer une nouvelle architecture de l'univers. Pour évoquer ce panthéon des Dieux Froids et poser les principes d'un culte romantique et tangible de la machine.

Vous avez écrit deux romans steampunk *Bohème* et *Confessions*…, qu'y a-t-il de fondamentalement différent entre ces deux formes de steampunk ?

Bohème est plus graisseux que *Les Confessions*… Dans ce dernier, nous étions dans une uchronie rationnelle là où *Bohème* avait une approche plus radicale d'un univers transformé.

Comment aviez-vous travaillé sur *Les Confessions*… avec Fabrice Colin ?

Avec innocence et simplicité. Ce dont nous serions incapables aujourd'hui, je crois. Nous n'avions rien à démontrer ou à revendiquer. Nous voulions une histoire qui fasse la part belle aux sensations du steampunk. La machine romantique, donc.

Dans les *Confessions*, pourquoi avoir décidé de faire interagir des personnages ayant vraiment existé ?

Le goût de l'époque. Pour inscrire le roman dans un héritage, pour lui donner les couleurs de la vérité.

Malgré le prix Bob Morane et votre volonté de faire des *Confessions*… un roman à feuilleton, la suite n'est malheureusement jamais sortie. Pensez-vous avoir été trop en avance sur votre temps ? Connaîtrons-nous un jour les secrets de l'éther ?

Avec *Bohème* ou *Les Confessions*, c'était avant tout des succès critiques, pas des succès éditoriaux comparables à la *fantasy*. En avance sur son temps ? Je ne peux pas penser un bouquin en ces termes. On écrit un livre par évidence à un moment donné de sa vie. L'idée de revenir aux *Confessions* est intéressante, en tout cas. Pourquoi pas ?

UN ENTRETIEN AVEC MATHIEU GABORIT

Si l'on compare le steampunk à la *fantasy* (genre que vous avez beaucoup travaillé), qu'apporte réellement le steampunk à un récit ?

Je vais citer Michel Carrouges dans un article sur l'horloge de Chronos où il compare la machine à une nouvelle race de géants. Il dit notamment ceci : « Le *mana* mythique est passé des anciens règnes de la nature (humain, végétal, animal, minéral) au *règne mécanique* ». Pour moi, tout est là. La machine magique, la machine « merveilleuse » en écho à la machine célibataire de Marcel Duchamp.

Quels sont les risques d'écrire encore du steampunk aujourd'hui ?

S'enfermer dans le genre. À vouloir le servir, on devient réactionnaire. Si on respecte un genre, on le bouscule.

Comment expliquez-vous l'attrait et le renouveau de la littérature steampunk aujourd'hui ?

Le désenchantement du monde nous ramène à l'époque de la machine romantique, à un moment où l'homme pouvait encore lui prêter une dimension utopique. Les machines d'aujourd'hui ne me font pas rêver. Elles m'enferment, surtout. Elles me piègent. Dans le steampunk, j'ai le sentiment que les gens recherchent une forme de croyance. Foi en l'homme, bien entendu.

Délius, une chanson d'été
Auteur : David Calvo
Édition : J'ai lu, 2003
Résumé : 1897, un tueur en série floral sévit. Ses victimes sont retrouvées éviscérées, le ventre rempli de fleurs étranges, mais le visage arborant un sourire, béat. Sur les conseils de Sherlock Holmes, le botaniste marseillais Bertrand Lacejambe et son acolyte B. Fenby sont appelés à la rescousse. De l'autre côté de l'Atlantique, à New York, le compositeur Frederick Délius prépare sa symphonie pour la célébration de l'été…

Commentaires : Quand on songe à la carrière, libre et iconoclaste, de David Calvo, nous ne pouvons que penser combien il a été cohérent dans ses choix. Tout est presque déjà présent dans ce roman, tous les germes d'une œuvre aussi poétique que sensible. Lire Délius c'est se faire prendre aux apparences d'un roman policier qui nous emmène bien plus loin que la seule résolution d'un mystère criminel. Faire l'inventaire des qualités de ce livre est inutile. Après tout, la seule évocation féerique de la flore, les citations allant de Mary Poppins à Arthur Conan Doyle, la couleur changeante des cheveux de Bertrand Lacejambe et enfin son comparse elficologue sont autant de raisons qui nous donnent envie de le relire.

Pour aller plus loin : Une suite existe, *La Nuit des labyrinthes* (2004). Un troisième volume nous comblerait de joie. En attendant, lisons *La Mécanique du cœur* (2007) de Mathias Malzieu et la nouvelle de David Calvo dans l'anthologie *Futurs antérieurs* de Daniel Riche.

Les Enchantements d'Ambremer

Titres : *Les Enchantements d'Ambremer* (2003) et *L'Élixir d'oubli* (2004)

Auteur : Pierre Pevel

Édition : Le Livre de Poche, 2007

Résumé : 1909. Découvrez le Paris des Merveilles en suivant l'enquête de Louis Denizart Hippolyte Griffont, mage du Cercle Cyan, un club de *gentlemen*-magiciens. Paris ne ressemble à rien de connu (vous avez déjà vu une tour Eiffel blanche ?) et non loin vous apercevrez peut-être Ambremer, capitale du royaume magique d'OutreMonde. Quand arrive Isabel de Saint Gil, aventurière, cambrioleuse, espionne et femme de Louis Denizart Hippolyte, l'aventure peut commencer.

Commentaires : En tant que lecteur, on a le droit de se mettre en colère contre un livre, voire un auteur. Mais on peut aussi en vouloir à la Terre entière quand une série aussi réussie se voit stoppée rapidement parce qu'elle n'a pas trouvé son lectorat. Nous sommes passés à côté de ce qui aurait pu être la première série steampunk française d'*urban gaslight* ! Le monde décrit par Pierre Pevel se sert du steampunk pour créer un univers de tous les possibles, où la magie, le merveilleux et la science se rejoignent pour provoquer surprises et amusement. Il s'agit d'un pur divertissement, qui ose maltraiter les univers d'Arsène Lupin ou de Rouletabille pour mieux leur dire combien on les aime.

Pour aller plus loin : *Les Lames du Cardinal* et ses suites témoignent du goût vif de Pierre Pevel pour le roman populaire, l'aventure débridée et le jeu décomplexé avec l'Histoire.

Les Enquêtes d'Hector Krine
Titres : *Les Pilleurs de cercueils* (2010), *L'Affaire Jonathan Harker* (2011) et *Le Maître des hybrides* (2012)
Auteur : Stéphane Tamaillon
Édition : Gründ
Résumé : Londres, 1889. La ville est séparée en deux. D'un côté, la haute société, humaine, et de l'autre les bas-fonds dans lesquels habitent les Grouillants, ces mutants parfois difformes, souvent des créatures fantastiques tirées des romans populaires. Hector Krine, enquêteur privé, découvre un jour le corps sans vie de sa bien-aimée, une Grouillante. Il décide alors de retrouver l'auteur de ce meurtre. Son enquête l'emmènera bien plus loin qu'il l'espérait, à la rencontre de lui-même, des tréfonds de son âme.

Commentaires : La série des enquêtes d'Hector Krine est intéressante à plus d'un titre. Tout d'abord, le décor dans lequel se situe l'action est une ville de Londres formidablement dépeinte, pleine de détails savoureux avec de petites touches steampunk par endroits qui transportent réellement le lecteur. Les bas-fonds sont à la fois terrifiants et fantastiques. Ensuite, les personnages sont construits avec justesse. Le style est fluide et l'action digne des romans de Dumas.

Enfin, le héros rencontre de nombreux personnages fictifs très connus (le titre du tome 2 fait bien sûr référence à l'un des personnages du *Dracula* de Bram Stoker) ou ayant réellement existé. Ce qui rend la lecture assez savoureuse intellectuellement. Cette série parle des blessures de l'âme, de l'acceptation de soi et de l'autre.

Pour aller plus loin : Les amateurs de littérature *young adult* pourront se délecter de la très bonne série *Léviathan* de l'Américain Scott Westerfeld. Voir aussi la trilogie *Frankia* de Jean-Marc Marcastel.

UN ENTRETIEN AVEC STÉPHANE TAMAILLON

Stéphane Tamaillon est né en 1970. Après deux premiers romans remarqués en 2009, L'Ogre de la Couronne[32] *puis* Dans les Griffes du Klan[33], *il publie en 2010 le premier tome de la série* Les Enquêtes d'Hector Krine *chez Gründ. Une trilogie* young adult *dans laquelle il mêle de nombreuses influences : le* pulp, *l'uchronie, la* fantasy *et bien sûr le* steampunk.

Comment est née la trilogie *Krine* ?

Krine est né de plusieurs choses. En premier lieu, mon détective – comme tous les détectives post-Sherlock Holmes évoluant dans le Londres victorien – est une forme d'hommage à l'œuvre d'Arthur Conan Doyle. Ensuite, ma volonté était également de m'amuser avec les codes de la littérature fantastique du XIXe siècle et du début XXe : Bram Stoker, Mary Shelley, H. G. Wells, H. P. Lovecraft pour ne citer que ceux-là. Enfin, la lecture d'ouvrages sur l'East End comme celui qu'avait pu écrire Jack London[34], les descriptions de la misère qui y régnait, le rapport des habitants et des autorités vis-à-vis des populations pauvres et immigrées m'a conduit à imaginer l'univers dans lequel se déroulent les aventures d'Hector Krine. Ce qui m'intéressait, au-delà de l'aspect policier, steampunk ou même fantastique de l'histoire, c'était de traiter du thème de la différence et de l'acceptation des autres, mais aussi de soi-même. Doit-on absolument renoncer à tout ce qui fait notre identité afin de s'intégrer ? Un prix bien lourd à payer et une question toujours d'actualité. L'intérêt c'était de divertir tout en

---

[32] Les 400 coups, 2009.
[33] Le Seuil, 2009.
[34] *Le Peuple d'en bas*, Phébus, 1999.

essayant, si possible, de faire réfléchir un minimum. Mon éditeur parle de couches pareilles à celles de l'oignon : du policier, du fantastique, du steampunk et, sous les pelures, du fond. Enfin, c'était l'idée en tout cas.

Quand avez-vous compris que vous teniez une série ?
Krine a, dès le départ, était conçu de la sorte. Je l'ai proposé tel quel à Gründ. J'ai soumis à mon éditeur une sorte de bible où je présentais l'univers, les personnages principaux, mais aussi d'autres, plus secondaires, mais appelés à occuper une place récurrente dans la première trilogie. J'ai ensuite rédigé un séquencier d'une trentaine de pages avec un découpage assez précis de chaque chapitre du premier tome ainsi qu'un résumé d'une page chacun pour les deux autres volumes à venir. Avec Xavier Décousus, le directeur de collection, nous sommes partis dès l'origine sur une trilogie qui, bien que comportant une enquête pour chaque titre, présentait également une histoire en filigrane qui ne trouve sa résolution que dans le dernier tome : *Le Maître des hybrides*. Nous réfléchissons d'ailleurs à un second cycle, ce que laisse suggérer l'épilogue de *Krine 3*.

Pourquoi avoir décidé de faire évoluer vos personnages dans un environnement steampunk ?
Je crois que finalement ma première rencontre avec ce qu'on nomme aujourd'hui le steampunk remonte à la série TV *Les Mystères de l'Ouest*. Les aventures de James West et Artemus Gordon ont bercé mon enfance. D'une certaine façon, *The Avengers* (ceux de *Chapeau melon et bottes de cuir*, même si je suis aussi fan de *comics*) a joué un rôle similaire. Des agents secrets, mais avec un côté SF désuet et décalé.

J'adore également Jules Verne et les récits de H. G. Wells comme *La Machine à remonter le temps*. Sans oublier les adaptations filmées de ces livres. Adolescent, j'ai ensuite découvert *Les Voies d'Anubis* de Tim Powers et *Machines infernales* de K. W. Jeter. Paradoxalement, je n'ai pas du tout pensé à ces deux derniers titres en écrivant Krine, même si inconsciemment, je suppose qu'ils ont joué un rôle dans l'élaboration du projet. Les automates, les *freaks* et tout ce qui tourne autour de ce genre d'univers étranges et parfois dérangeants m'ont toujours fasciné (un de mes livres cultes est *Cristal qui songe*[35] de Theodore Sturgeon). Les créatures qui peuplent la trilogie étant une interprétation à ma sauce de la population des quartiers les plus misérables du Londres de l'époque, je présume qu'il était tout aussi logique de proposer une variation sur la physionomie même de la ville. Les automates, le métro aérien et ce genre de détails très steampunk se sont imposés d'eux-mêmes sans processus très réfléchi de ma part.

Pourquoi avoir décidé de jouer avec des références littéraires et historiques ?

Pour de multiples raisons, mais la plus évidente est que ça m'amuse énormément. J'y prends beaucoup de plaisir. Étant historien de formation, professeur d'histoire de surcroît, j'adore malaxer la « matière » historique. Du coup, l'idée de faire revivre des personnages marquants de la littérature ou du monde « réel », les faire se côtoyer, interagir, créer des mises en abîme est pour moi particulièrement jubilatoire.

---

[35] J'ai lu SF, 2004.

Comment écrit-on un roman steampunk ?

Honnêtement, je ne sais pas. Je ne me suis jamais posé la question en ces termes. Comme je l'ai dit, les éléments steampunk font partie d'un tout. Je ne me suis pas dit : allez, faisons un bouquin dans ce genre précis en essayant d'appliquer une recette. J'ai davantage fait œuvre d'alchimiste en mélangeant en fonction de mes envies des ingrédients qui proviennent avant tout de mon amour des « genres » (ou même des « mauvais genres », selon certains), qu'ils soient littéraires ou cinématographiques.

Vous semblait-il nécessaire de mettre un petit fascicule explicatif en fin de volume pour expliquer toutes ces références ?

J'adore les écrivains ou même les réalisateurs qui nous ouvrent leurs cuisines. Je suis friand des postfaces de Stephen King ou des bonus de DVD. La série s'y prêtait bien avec son jeu de miroirs et de références. C'était une manière pour le lecteur néophyte de s'intéresser à d'autres livres ou d'envisager de regarder certains films et l'occasion pour ceux qui avaient déjà cette culture de se voir confirmer des intuitions nées durant la lecture. La série fusionnant des éléments historiques réels (lieux comme événements) et fictifs, ce petit livret permettait aussi de démêler le vrai du faux. Mon éditeur m'a d'ailleurs encouragé dans cette voie.

Londres tient une énorme place dans la série *Krine*. Pourquoi avoir décidé de placer l'intrigue de votre trilogie dans la capitale britannique ?

J'avoue que c'est par pur plaisir : j'adore Londres et les mythes que la ville véhicule, comme celui de Jack l'Éventreur, véritable symbole d'une société en pleine mutation. J'ai un temps envisagé que l'action se déroule à Paris, mais les œuvres littéraires avec lesquelles je joue sont toutes anglo-saxonnes. C'était logique de situer *Krine* dans la capitale anglaise.

Comment expliquez-vous la fascination qu'exerce cette ville sur l'imaginaire steampunk ?

Sans doute parce que c'est une ville charnière d'une époque, la capitale économique du XIXe siècle. L'industrialisation de l'Europe a débuté par la Grande-Bretagne, et ce, dès la seconde moitié du XVIIIe siècle. La nation anglaise dominait les échanges maritimes et son empire colonial était le plus étendu. Londres était le reflet de cette puissance, mais la ville concentrait également les aspects les plus néfastes du développement de l'industrie : pauvreté, crimes, prostitution… Un terreau parfait pour le romanesque. Son nom même, steampunk, explique que le genre ait fait de Londres son étendard.

Comment expliquez-vous l'explosion du steampunk et surtout l'attrait pour l'esthétique steampunk ?

Sans doute parce que face à un avenir instable et inquiétant, en particulier pour la jeune génération qui doit affronter un monde où le chômage est une menace permanente, le passé semble plus rassurant. Le fameux « c'était mieux avant », même si ici, ce n'était pas vraiment le cas, le XIXe siècle étant assez terrible sur bien des plans. Mais c'est assez confortable de pouvoir se projeter ainsi dans une époque révolue, d'autant plus qu'elle est sublimée par le côté uchronique du steampunk. C'est un XIXe siècle rêvé, fantasmé. À l'heure de l'uniformisation des modes à l'échelle mondiale (vêtements, musique, etc.), c'est également un moyen de se distinguer d'une société dans laquelle on ne se reconnaît pas forcément. C'est aussi vrai, je pense, concernant l'engouement que suscitent ces temps-ci les vampires.

Vous avez annoncé que vos prochains romans seront steampunk. Pouvez-vous nous en dire un peu plus ?

Je vais, très bientôt, m'atteler à la rédaction d'un diptyque qui comportera en effet des aspects steampunk. Les deux tomes s'adresseront aux ados et plus si affinités. Je vois le récit comme une sorte d'enfant illégitime qu'auraient eu ensemble le Capitaine Némo et le professeur Challenger, même s'il ne s'agira en aucun cas d'un palimpseste. L'histoire sera mâtinée de rétro-SF avec ballon dirigeable et sous-marin. Des figures historiques y joueront un rôle assez important, comme le célèbre Félix Tournachon, dit Nadar, personnage plus grand que nature qui inspira Jules Verne. L'aventure commence à Paris en 1864 et se poursuit ensuite sur un continent inconnu. Les romans seront publiés chez un gros éditeur début 2014, mais je ne peux pas pour l'instant en dire plus.

L'Équilibre des paradoxes

Auteur : Michel Pagel
Édition : Denoël, coll. Lunes d'encre, 2004
Résumé : Juillet 1904. Dans son manoir breton, Gilberte Debien est agressée par un inconnu qui vient juste d'assassiner sa famille. En même temps, partout en Bretagne, des événements mystérieux se multiplient. Un savant est assassiné, une princesse russe apparaît, des cas de démence surgissent, avec de nombreux troubles de la personnalité allant de l'homme qui se prend pour un Sarrasin à celui qui se prend pour un Hun. Les amis de Gilberte qui viennent la réconforter ne tardent pas à rencontrer un homme étrange venu du XXIIIe siècle et une jeune Française arrachée à 1969. À eux de rétablir l'équilibre des paradoxes temporels.

Commentaires : Michel Pagel écrit ici un récit extrêmement savoureux. Le choix de multiplier les narrateurs, et par conséquent les points de vue, enrichit le récit en confrontant les regards et visions du monde d'un journaliste socialiste, d'un militaire, d'une femme émancipée. Le tout est agréable, se lit avec le plaisir coupable de se demander sans cesse jusqu'où l'auteur est capable de nous emmener… Et il nous conduit loin ! Précisons que, s'il est historiquement un des premiers romans francophones vendus sous le label steampunk, il se rapproche tout de même plus de la science-fiction traditionnelle par le motif, plaisamment détourné, du voyageur temporel imprudent.

Pour aller plus loin : La nouvelle « L'Étranger » de Michel Pagel se déroule dans le même univers fictionnel.

Les Extraordinaires & Fantastiques Aventures de Sylvo Sylvain

Titres : *Rue Farfadet* (2010) et *Avant le Déluge* (2011)
Auteur : Raphaël Albert
Édition : Mnémos
Résumé : Panam, 1880. Syvlo Sylvain est un elfe morose et un poil dépressif qui s'est depuis trop longtemps éloigné de ses origines sylvestres. Il forme avec son acolyte Pilliwiggin (cousin de la Fée Clochette) un duo de détectives privés plutôt abonnés aux petits coups et aux adultères. Une enquête banale en apparence les projette au centre d'une machination qui va les mener à côtoyer tant les puissants que les anarchistes et tenir la destinée de Panam entre leurs mains.

Commentaires : Difficile de catégoriser *Les Extraordinaires Aventures de Sylvo Sylvain* ! Raphaël Albert brosse en deux tomes le portrait d'un Paris mélangeant steampunk et *fantasy*. Malgré un premier tome plus fouillis que son successeur, l'auteur arrive rapidement à rendre attachante sa vision alternative de la capitale française. Il en détourne les noms des rues et des lieux emblématiques sans vergogne, et ce, pour notre plus grand plaisir. Il peuple son « Panam » de créatures fantastiques, des elfes, des fées, des ogres, de la magie, des centaures-taxi et des machines à vapeur. Les deux romans se lisent comme des périodiques du XIXe siècle et en ont toutes les caractéristiques notamment les personnages qui sont de superbes vecteurs de péripéties en tout genre. Une vraie série *steampulp* à la française.

Pour aller plus loin : Un troisième tome est à paraître.

RAPHAËL ALBERT

Raphaël Albert est un jeune écrivain qui s'est fait connaître par la série Les Extraordinaires & Fantastiques Enquêtes de Sylvo Sylvain, détective privé *aux éditions Mnémos.*

Comment définir le steampunk ?

Alors… le steampunk, c'est quoi ? En fait, je ne sais pas. C'est du rétro-futurisme, des machines à vapeur incongrues et improbables, une esthétique qui allie le meilleur du rétro au meilleur de la science-fiction. De la rétro-SF élégante, en somme. Un mélange des genres qui distille son propre charme, une aura séduisante qui n'appartient qu'à lui.

Pourquoi avoir choisi d'incorporer des éléments steampunk à votre série ?

Parce que ça me fait rêver et que ça excite mon imagination comme les dirigeables, les villages engloutis, les dragons, les voyages dans l'espace…

Comment doser le bon niveau de steam dans un récit ?

Comme tous les autres ingrédients : en fonction de leur importance dans le récit, de leur pertinence en terme de narration et de vos objectifs. Et de vos envies, aussi…

Qu'apporte le steampunk à votre série ?

Je dirais une once de décalage supplémentaire. Il m'aide à décrire un monde cousin du nôtre : à la fois proche et décalé. Et un petit charme en plus, j'espère (mais il me semble bien que vous n'aviez pas aimé mon premier tome, vrai[36] ? Alors, le charme… c'est selon, ha, ha !)

---

[36] Voir la critique de *Rue Farfadet* sur www.french-steampunk.fr

Pourquoi avoir choisi Paris comme décor de votre série ?

Panam parce que c'est une ville romanesque à souhait et que, pour une fin de siècle au début de l'ère industrielle, c'est le décor idéal (il y a Londres, aussi, bien sûr ; sauf que je ne connais pas du tout Londres, hé…) Et puis je voulais un truc qui parle à l'imaginaire collectif, disons (comme le steam et les dirigeables, entre autres).

Est-ce que ce sont des romans steampunk ? Des romans qui se déroulent dans un univers steampunk ?

Je ne pense pas qu'on puisse réellement classer mes romans dans le steampunk, non. Mais est-ce un polar ? Est-ce de la *fantasy* ? Une uchronie ? Bah ! On s'en fout ! Et puis je n'aime pas trop les catégories fermées (ça se voit, non ?).

Ils se déroulent dans un univers steampunk, oui, mais aussi *fantasy*. Ah, merde, au bûcher les catégories !

Est-ce que vous aviez des références steampunk ?

Je n'en avais pas ! (Enfin, aucune qui m'ait marqué en tout cas. Oui bon, j'ai vu *Steamboy*…)

FRANKIA
Auteur : Jean-Luc Marcastel
Édition : Mnémos, trois tomes, 2009
Résumé : 1940. Frankia a été vaincue par Teutonia. L'Überkaiser Von Darkho a pour programme d'annihiler le peuple elfe. La dernière reine des Elfes est en fuite dans le sud de Frankia, poursuivie par les troupes de Technarchontes.
Commentaires : Pour faire simple, le pari est osé. Mélanger uchronie, *fantasy* et steampunk pour réaliser une trilogie régionaliste à destination de la jeunesse ? Alors de deux choses l'une, soit vous acceptez le parti pris et vous vous laissez séduire par un récit où souffle une grande aventure au manichéisme assumé, soit cela vous laisse froid et il ne sert à rien de vous forcer, ce livre n'est pas pour vous. Marcastel est un conteur de talent, emporté ici par les possibilités et la richesse thématique de son idée. Tout à la force de son récit, il ne s'embarrasse pas de la nécessité de doter ses personnages de plus de subtilité que nécessaire. Les méchants sont méchants. Les gentils sont gentils, donc ils souffrent, mais l'emporteront au terme de leurs souffrances. Raconté par Marcastel, qui est un auteur très visuel, cela nous a séduits. Mais nous ne pouvons promettre que cela sera de même pour tous.
Pour aller plus loin : Pour les jeux sur le temps et les univers uchroniques qui en découlent, voir la série des *Princes-marchands* de Charles Stross.

L'Instinct de l'équarrisseur
Auteur : Thomas Day
Édition : Folio SF, 2004

Résumé : Si Arthur Conan Doyle a bien écrit les aventures de ce Sherlock Holmes, il n'en est pas l'auteur : il adapte pour les mœurs de son époque les récits que lui raconte un Sherlock d'une autre dimension. Dans celle-ci, nous retrouvons Moriarty, Holmes, Oscar Wilde, mais aussi des démons, des dinosaures, Albert Einstein et Jack London… La frontière entre les multiples dimensions sera malmenée, cela va sans dire. Mais pourront-ils s'en sortir indemnes ?

Commentaires : Le roman est à l'origine une nouvelle publiée en 1998 dans l'anthologie périodique *CyberDreams*, « La face claire des ténèbres ». Entre science-fiction et roman d'horreur, l'auteur propose un texte violent qui n'est peut-être pas à mettre entre toutes les mains. Le parti pris radical peut en effet repousser certains lecteurs, tout en récompensant ceux qui apprécieront ce mélange de littératures de genre. Notons également l'humour, assez ravageur, qui surgit comme un contrepoint à cette noirceur, en ajoutant la dimension du pastiche décalé à celle de la référence holmésienne. Ce roman est cependant bien mené et original sur de nombreux points. Le rythme est effréné, très feuilletonnesque : le texte est composé de trois novellas distinctes qui constituent au final une seule intrigue. Vous n'oublierez pas la relecture du personnage de Holmes, bien différent de ce que ce menteur puritain de Conan Doyle a raconté !

Pour aller plus loin : Thomas Day est revenu à un steampunk beaucoup plus sage dans *L'Automate de Nuremberg* (Folio, 2008) et *Du sel sous les paupières* (Folio SF, 2012).

Kraven

Auteur : Xavier Mauméjean

Édition : *La Ligue des héros* (2002) et *L'Ère du dragon* (2003), réunis sous le titre unique, dans une édition complétée, de *Kraven* en 2009 chez Mnémos

Résumé : 1969, un vieillard amnésique est confié par les services sociaux à sa fille. Amer et acariâtre, il tisse lentement des liens de confiance avec son petit-fils. Nous lisons aussi des extraits des aventures d'un personnage de fiction, Lord Kraven, chef de la « Ligue des héros » qui lutte contre une ribambelle de super-méchants de pacotille. Et si l'un et l'autre étaient la même personne ?

Commentaires : À la fin du XIXe siècle, Peter Pan, Clochette et le capitaine Crochet sont venus s'échouer en plein cœur de Londres… et plus rien ne sera comme avant. Le roman de Xavier Mauméjean joue, comme à son habitude, sur la culture populaire du lecteur, de Sherlock Holmes au *comic book* américain pour offrir une étonnante mise en abyme autour de la notion même de fiction. L'écho aux romans populaires se traduit dans le style d'écriture lui-même, proche des *serials* et des romans *pulps*. Les personnages sont à la fois des références, des échos d'autres personnages, mais aussi des êtres de chair et de sang. Le roman repose ainsi sur une imbrication des niveaux de lecture qui ne prend pas fin une fois le livre terminé. Une étonnante bibliographie des romans de la série de la « Ligue des héros » est proposée et de grands noms de la littérature française narrent leur première rencontre avec *Kraven* en introduction, laissant au lecteur le choix pour déterminer de quel côté de la fiction il se trouve.

Pour aller plus loin : Si vous souhaitez parcourir d'autres mondes imbriqués, entre création littéraire et folie steampunk, lisez *Dreamericana* de Fabrice Colin (2002).

LA TRILOGIE DE LA LUNE

Titres : *La Lune seule le sait* (2000), *La Lune n'est pas pour nous* (2004) et *La Lune vous salue bien* (2007)

Auteur : Johan Heliot

Éditions : Folio SF (2003), intégrale chez Mnémos (2011)

Résumé : 1899. Depuis l'arrivée de la nef cosmique des Ishkiss lors de l'Exposition universelle de 1889, le pouvoir despotique de Napoléon III domine l'Europe. La résistance, dirigée par Victor Hugo, envoie Jules Verne en direction de la lune afin de libérer Louise Michel des geôles sélénites.

Commentaires : Premier roman publié de Johan Heliot, qui ne connaissait pas alors le terme de steampunk, *La Lune seule le sait* est un roman aussi généreux qu'intéressant. La fonction référentielle fonctionne à plein : les personnages paraissent porteurs d'un bagage riche qu'Heliot partage avec ses lecteurs. Le mélange entre science-fiction, roman d'enquête, l'histoire politique et uchronie est particulièrement savoureux. L'ouvrage démontre brillamment ce que peut être un livre qui ne prend pas le steampunk comme un simple décor, une seule esthétique un peu vaine. Même si l'auteur s'en défend, un réel souffle politique balaie le roman donnant une dimension tout autre au récit.

Pour aller plus loin : Les volumes suivants font vieillir le monde, passant des années 1940 aux années 1950, pour constituer au final une trilogie uchronique et référentielle de belle tenue.

La Vénus anatomique

Auteur : Xavier Mauméjean
Édition : Le Livre de Poche, 2006

Résumé : Julien Offray de La Mettrie, chirurgien et auteur de livres condamnés à l'index, est convoqué par le Roi pour participer à un concours organisé par Frédéric II de Prusse. Dans une équipe composée d'illustres confrères, Vaucanson et Fragonnard, il devra créer une femme artificielle dans le secret d'un Berlin uchronique.

Commentaires : Certes, ce roman est bien antérieur à la période de prédilection du steampunk, mais de nombreuses thématiques sont communes aux deux époques, en particulier l'uchronie et les automates, ce qui en fait un livre que chaque vaporiste devrait lire. *La Vénus anatomique* est un roman assez exigeant tant dans le style que dans les thèmes. Xavier Mauméjean écrit dans le style de l'époque. Le récit de cet ouvrage se passe au XVIIIe siècle, le style pourra donc désarçonner les aficionados d'un steampunk plus contemporain. Les multiples références historiques, philosophiques et scientifiques du Siècle des Lumières pourraient rebuter quelques lecteurs. Cependant, toute la saveur de La Vénus anatomique repose sur les rencontres successives et les discussions métaphysiques des personnages principaux notamment autour de la question de l'homme machine et de l'automate proto-Frankenstein.

Enfin, l'auteur mêle ici avec brio fiction et réalité. L'uchronie est savamment distillée tout au long du récit à tel point que le lecteur est sans le savoir complètement immergé dans une science-fiction rétro irrésistible.

Pour aller plus loin : Diderot, Voltaire ou *Frankenstein* ? Vous aurez des envies de lectures nouvelles après avoir lu ce livre.

Le steampunk en version originale

Hélas, tout n'est pas forcément traduit... Mais à l'époque des liseuses et d'Internet, il est extrêmement aisé de prendre sa dose de steampunk, en version originale. Voici donc, pour les plus curieux d'entre vous ou pour les éditeurs en mal de nouveauté, une petite sélection de perles inédites du steampunk. Sans chercher à être exhaustifs, nous sommes certains qu'il vous est possible de trouver dans cette liste votre bonheur.

Classement par ordre alphabétique d'auteurs.

■ Shelley Adina, *Lady of Devices: A Steampunk Adventure Novel*, 2011

Lady Claire, dix-sept ans, est une jeune fille dont les goûts vont plus vers la science (et les expériences scientifiques explosives) que vers les fanfreluches. Quand sa famille est ruinée et déchue, elle découvre le monde, l'aventure et l'amitié. Le début d'une trilogie plaisante et distrayante.

■ Greg Broadmore, *Doctor Grordbort's Contrapulatronic Dingus Directory*, Dark Horse, 2009 et *TRIUMPH : Unnecessarily Violent Tales of Science Adventure for the Simple and Unfortunate*, HarperCollins, 2013.

Deux ouvrages du monde fascinant et satirique du Doctor Grordbort. Le premier prend la forme d'un catalogue tandis que le second présente des histoires complètes.

- Cory Doctorow, « Clockwork Fagin », in Gavin J. Grant, Kelly Link (dir.), *Steampunk! An Anthology of Fantastically Rich and Strange Stories*, Candlewick, 2011

Nous mettons en avant la nouvelle de Cory Doctorow parce qu'elle est disponible gratuitement en ligne et qu'elle constitue un bel hommage à Charles Dickens. Cette anthologie de quatorze nouvelles steampunk est plutôt orientée vers la jeunesse. Les récits sont d'une qualité inégale (une nouvelle steampunk est à nos yeux difficile à écrire si on veut dépasser la seule utilisation visuelle de quelques rouages et d'un peu de brume). Néanmoins, la variété des cadres et situations est intéressante : toutes les aventures ne se passent pas à Londres !

- G. D. Falksen, *Blood in the Skies - The Hellfire Chronicle*, Wildside Press, 2011

La fin du monde a eu lieu en 1908. Deux cents ans plus tard, l'humanité lutte toujours pour sa survie. Pour le pilote Elizabeth Steele, le temps des révélations est arrivé. G. D. Falksen est un auteur qui écrit beaucoup sur le steampunk. Il est encore meilleur quand il écrit du steampunk.

- Caitlin Kittredge, *The Iron Thorn*, Delacorte Books, 2011

Ce long roman dense et complexe raconte les aventures d'Aoife Grayson dont tous les membres de la famille sont devenus fous à seize ans. Dans la ville de Lovecraft, le necrovirus a tout changé. Le cadre est proche des années 1950, sombre et dystopique. La description de ce monde est précise, contribuant à la création d'une ambiance lourde et menaçante.

■ Adrienne Kress, *The Friday Society*, Dial, 2012

Dans une société steampunk, trois jeunes filles, qui sont toutes des déclassées, deviennent amies, découvrent leurs capacités et forment un groupe de justicières. Cora est une scientifique, Nellie l'assistante d'un magicien et Michiko une guerrière. Le tout forme des *Drôles de dames* à la façon steampunk, avec de l'action, de l'humour, des personnages secondaires tantôt attachants, tantôt amusants.

■ Jay Kristoff, *Stormdancer*, Tor, 2013

Dans un Japon médiéval dystopique et steampunk… Quoi ? Du steampunk, qui ne serait ni victorien ni occidental ? Oui ! Et cela fonctionne, sur un rythme aussi acéré qu'une lame de katana. Suivez les aventures de Yukiko envoyée par le Shōgun capturer un griffon pour le lui ramener.

■ Joe R. Lansdale, *Zeppelins West*, Subterranean Press, 2001

Weird west ! Adulte, violent, agressif, drôle et profondément iconoclaste, Joe R. Lansdale propose un univers aussi déroutant que transgressif. À ne pas recommander à tout le monde, mais seulement aux amateurs d'alcools forts.

■ Karen Lowachee, *Gaslight Dogs*, Orbit, 2010

Gaslight Dogs emmène le lecteur dans un univers qui sort du sempiternel décor urbain : le Nord arctique où cohabitent difficilement des colons ayant en leur possession une technologie steampunk et des tribus traditionnelles proches des Inuits. Malgré un début un peu long et une fin abrupte, *Gaslight Dogs* apporte une réflexion intéressante sur le colonialisme et l'opposition entre technologie et croyances magiques tribales.

- Devon Monk, *Dead Iron*, Roc Trade, 2011

Cedar Hunt est un loup-garou dans cet Oregon steampunk où la violence se dispute à la rudesse de la vie. Cedar cherche à sauver un enfant, capturé par un être démoniaque. Avec la sorcière Mae Lindson, il forme un duo improbable, porté par la vengeance. Du western steampunk, du *weird west* ! Violent, riche en action et joliment écrit.

- S. M. Peters, *Whitechapel Gods*, Roc, 2008

Un roman sombre, violent et où le steampunk est loin d'être synonyme d'une élégance victorienne disparue. Au contraire, dans Whitechapel, deux divinités mécaniques cruelles règnent et l'humanité n'a que peu d'espoir de survie. On sent parfois l'influence d'un China Miéville, mâtinée d'une horreur toute lovecraftienne.

- Lev AC Rosen, *All Men of Genius*, Tor, 2011

Violet veut intégrer la plus prestigieuse des écoles scientifiques. Malheureusement, celle-ci n'est ouverte qu'aux hommes. Violet décide donc de se travestir et de prendre l'identité de son frère jumeau. Inspiré de *La Nuit des rois* de Shakespeare et de *L'Importance d'être Constant* d'Oscar Wilde, *All Men of Genius* joue avec humour sur les différences de genre, avec une belle aventure en plus. Pour les amateurs du Protectorat de l'Ombrelle de Gail Carriger.

- Lavie Tidhar, *The Bookman*, Angry Robot, 2010

Premier volume d'une trilogie, écrite par un auteur israélien (inventeur autoproclamé du *jewpunk* !). Le jeune Orphan est à la recherche de ses origines, mais, surtout, il veut venger la mort de la douce Lucy. Un monde onirique, qui fourmille de références littéraires, et tout cela a un sens. La série de romans révèle une voix aussi originale qu'intéressante.

■ Ann VanderMeer, *Steampunk* (2008), *Steampunk II: Steampunk Reloaded* (2010) et *Steampunk III: Steampunk Revolution* (2013), Tachyon.

Trois anthologies regroupant la crème du steampunk actuel et classique ainsi que des extraits de textes plus anciens (*Les Chroniques d'Oswald Bastable* de Moorcock par exemple). Ces ouvrages offrent un panorama complet de l'aspect littéraire du mouvement ainsi que des essais sur d'autres aspects de la culture steam. *Steampunk III: Steampunk Revolution* propose un focus sur le punk du steampunk.

UN ENTRETIEN AVEC GREG BROADMORE

Greg Broadmore[37] est conceptual designer chez Weta Workshop à Wellington, Nouvelle-Zélande. Il a notamment travaillé sur District 9, King Kong *de Peter Jackson ou encore le* Tintin *de Spielberg. Il est le créateur des raygun de Dr. Grordbort que commercialise Weta et développe continuellement l'univers entourant ses créations. Il est l'auteur de* Dr Grordbort présente Victoire[38].

Définiriez-vous votre travail sur l'univers de Dr Grordbort comme steampunk ?

Je n'ai jamais défini le monde de Dr Grordbort comme ça moi-même. La base du monde est la vieille science-fiction. Avec un peu de H. G. Wells, un peu de Jules Verne… et beaucoup de Buck Rogers et de Flash Gordon des années 1920. Pour moi, ça a toujours été de la science-fiction, mais basée sur une époque reculée.

C'est d'une certaine façon l'amour pour les origines de la science-fiction qui m'a conduit à créer le Dr Grordbort. Des mots désuets comme « scientifiction » pour tenter de qualifier la science-fiction en plein essor m'ont plu, le langage stylistique du design de ces années-là m'a séduit et rétrospectivement, la vision naïve du futur m'a conquis. Par conséquent, à mes yeux, ce n'est que de la science-fiction.

Je pense d'ailleurs que qualifier des auteurs comme Jules Verne de steampunk une centaine d'années plus tard est un peu bizarre.

En plus de tout ça, Dr Grordbort est aussi une comédie satirique, la science-fiction n'en est que la couche graphique.

---

[37] Site officiel : Greg Broadmore, http://www.gregbroadmore.com
[38] Milady, 2011.

Mais au final, je me moque un peu de comment les gens vont appeler mon travail sur l'univers de Dr Grordbort. Je sais comment je le perçois et les autres peuvent le percevoir comme ils l'entendent.

Pouvez-vous nous dire rapidement comment l'aventure Dr Grordbort a débuté ?
Dr. Grordbort a commencé par hasard. Richard Taylor (directeur de création chez Weta Workshop) et moi-même avions décidé de créer une collection de pistolets laser au design rétro en édition limitée. Au vu du soutien venant des collectionneurs du monde entier, le monde du Dr Grordbort s'est rapidement développé avec des *comics*, des œuvres d'art et une exposition itinérante.

Pourquoi avoir choisi ce look rétro pour vos *rayguns* ?
Quand j'étais petit garçon, bien avant que je ne voie la *Guerre des étoiles*, je regardais les épisodes de la série *Flash Gordon* en noir et blanc. Cette vision très évocatrice est restée gravée dans ma mémoire.

J'ai aussi développé mon approche de la science-fiction plus moderne, avec notamment mon travail sur le film *District 9*, mais l'idée d'une science-fiction très primaire avec ses « rayguns » et ses « rocketships » a toujours eu une certaine résonance en moi.

J'aime le futurisme de cette époque. J'aime le mélange entre une technologie antique, mais complexe et le design futuriste.

Le lecteur a une relation amour/haine avec Lord Cockswain, pouvez-vous nous dire comment vous avez créé ce personnage ?

GREG BROADMORE

J'aime les personnages comme Cockswain – il a été créé dans le même moule que les personnages de *comic books* de ma jeunesse, comme Judge Dredd.

Judge Dredd est un personnage plus sérieux et austère que Cockswain, mais le principe de base est le même : il s'agit d'une icône hyper macho dans laquelle nous admirons autant l'intrépidité que l'assurance, mais nous ne pouvons nous empêcher de mettre en cause son immoralité. Judge Dredd est une machine – une irrésistible force de la nature qui, dans son schéma de pensée, a toujours raison.

Mais à un autre niveau, il est l'instrument d'un état fasciste et tyrannique qui gouverne avec une extrême violence. Jamais il n'a remis en question la Loi.

Cockswain est assez similaire. Il est, lui aussi, dangereux et très puissant. Quand quelque chose le contrarie, il n'hésite pas à utiliser la violence. Jamais il ne se remet en question. Mais c'est ce qui fait de lui le rejeton ridicule d'un système de lutte des classes démodé.

J'aime cette idée d'un personnage représentant tout ce qui est excitant dans la masculinité et tout ce qui en est répugnant. En plus de tout ça, Cockswain est un bouffon sociopathe et aristocrate.

C'est donc vraiment marrant de mettre ce personnage dans toutes sortes de situations. Les bandes dessinées ont à peine égratigné la surface de ce qu'il va devenir.

En tant qu'artiste, quels sont pour vous les éléments clés que chaque œuvre d'art steampunk devrait avoir ?

Des engrenages ?

Dans *Victoire !* et *Triumph* (non traduit), vous maniez des thèmes très sérieux et très fort comme la guerre et le colonialisme. Pensez-vous que le steampunk doit traiter de ces sujets ?

Et bien je ne suis pas vraiment sûr que ces thèmes intéresseraient d'autres auteurs steampunk, mais je pense qu'il s'agit de thèmes dominants dans cette époque coloniale et impériale qu'est le XIXe siècle.

Pensez-vous qu'il y a encore un peu de punk dans le steampunk ?

Pour être honnête, je ne savais pas qu'il y avait vraiment du punk dans le steampunk, le cyberpunk ou dans n'importe quel autre genre fictionnel. J'ai toujours plus ou moins pensé que le mot steampunk n'était pas approprié, mais sonnait plutôt bien.

J'étais dans la culture punk rock quand j'étais adolescent et j'ai même joué dans quelques groupes de musique qui ont tourné un peu en Nouvelle-Zélande. C'était bien après les origines du punk dans les années 1970 et je ne suis pas sûr que les punks de l'époque ou ceux des années 1980 pensaient que nous faisions vraiment du punk rock. Mis à part cela, je crois que la philosophie du punk n'a rien à voir avec celle du steampunk.

Mais peut-être que le steampunk est punk en fait, mais je n'ai jamais envisagé le genre de cette façon.

Est-ce que vos voyages et les critiques internationales ont changé votre vision du steampunk et la façon dont vous travaillez sur Dr Grordbort ?

Pas vraiment, mais ça m'inspire toujours quand je rencontre des fans de steampunk costumés et des cosplayers.

GREG BROADMORE

Quand j'ai voyagé avec mon exposition tout autour du monde, j'ai eu la chance de rencontrer de talentueux créateurs de costumes et d'accessoires steampunk qui m'ont stupéfié. Je n'ai jamais pensé que Dr. Grordbort était steampunk, mais je suis très fier d'être connecté à la culture steam et honoré d'avoir été adopté par elle.

Pourriez-vous nous parler un peu du mouvement steampunk en Nouvelle-Zélande ?

C'est génial ! Oamaru (une petite ville sur l'île du Sud) a un gros événement lié à son patrimoine victorien chaque année. Et les artistes locaux ont fait de cette bourgade victorienne La Mecque du steampunk en Nouvelle-Zélande.

Il y a aussi d'autres événements comme l'Aethercon qui a largement popularisé le genre. Et le nombre de fans et de groupes sur Facebook semble augmenter ici de façon exponentielle et c'est carrément cool.

Il y a sûrement plein d'autres choses, mais je ne suis pas au courant de tout !

Que devons-nous attendre de Lord Cockswain et Dr Grordbort ?

Pour la suite hein ? J'aimerais pouvoir en dire plus… Ça ne me pose pas trop de problèmes de dire qu'un gros projet est dans les tuyaux et je n'en peux plus d'attendre de pouvoir l'annoncer. Mais il n'est pas encore temps. Si je divulgue quoi que ce soit, des automates assassins se mettraient à mes trousses pour me désintégrer.

De beaux livres steampunk

Ces dernières années, de nombreux livres ont été publiés autour de l'histoire du steampunk. Voici une sélection de quelques-uns, qui offrent, chacun à leur manière, de visiter les nombreux territoires qu'occupe le steampunk.

Nous les présentons par ordre alphabétique d'auteurs.

- Étienne Barillier, *Steampunk !*, Les Moutons électriques, 2010

La première étude au monde sur le steampunk est française. L'histoire du steampunk y est traitée dans ses nombreuses facettes, allant du roman à la bande dessinée, du cinéma au manga. Une nouvelle édition est prévue, revue et augmentée, en grand format et en couleur.

- Greg Broadmore, *Dr Grordbort présente Victoire, Aventure, science et violence pour jeunes hommes et femmes éduquées*, Milady Graphics, 2011

Mélange de BD, fausses publicités et catalogue de créatures extraterrestres, *Victoire !* est tout d'abord un ouvrage plein d'un humour féroce. Grâce à son personnage de Lord Cockswain, Broadmore amuse, mais critique aussi la société victorienne et l'impérialisme britannique. À lire !

- Collectif, *Steampunk: The Beginning*, Grand Central Press and Gingko Press, 2013

Livre anglais. Beau catalogue de l'exposition éponyme qui regroupe des œuvres d'étudiants de la California State University Fullerton où Tim Powers, James Blaylock et K. W. Jeter étaient étudiants. Les illustrations portent sur *Les Voies d'Anubis*, *Homunculus* et *Machines infernales*. Tim Powers et James Blaylock ont écrit des introductions pour présenter les œuvres.

- Raphaël Colson, *Rétro-futur !*, Les Moutons électriques, 2012

Atompunk ? Dieselpunk ? Toutes les variations du rétro-futur et son esthétique sont ici étudiées dans un livre aussi précis que complet qui traite aussi bien du cinéma que du graphisme, le tout dans une perspective historique qui permet de comprendre l'histoire d'une culture dans laquelle nous baignons.

- Art Donovan, *The Art of Steampunk*, Fox Chapel Publishing, 2010

Livre anglais. Il s'agit du catalogue de l'exposition qui s'est tenue à Oxford d'octobre 2009 à février 2010. Une nouvelle édition, revue et augmentée, est prévue pour juillet 2013.

- Didier Graffet, *De Vapeur et d'acier*, Galerie Daniel Maghen, 2012

Catalogue de l'exposition consacrée à l'illustrateur Didier Graffet, tiré à cinq cents exemplaires numérotés et signés. Un livre splendide pour un travail d'exception.

- Dr. Grymm, *1000 Steampunk Creations*, Quarry Books, 2011

Livre anglais. Pas de texte, mais place à l'image : comme l'indique le titre, il y en a mille ! Tous les aspects du steampunk sont visibles ici : illustrations, costumes, bijoux, sculptures, etc. On peut regretter l'absence de discours autour de ces photos, mais l'ensemble constitue un panorama extrêmement complet, exclusivement visuel de l'esthétique steampunk.

■ Denis Guthleben, *Rêves de savants*, Armand Colin, 2011

Ce livre ne traite pas du steampunk, mais nous nous devions de l'évoquer. Son sujet est l'Office des inventions, ancêtre du CNRS et il présente un parcours illustré sur les travaux de scientifiques français au lendemain de la Première Guerre mondiale. Drôle, surprenante et instructive, chaque page est un prétexte à une rêverie rétro-futuriste.

■ Paul Guinan et Anina Bennett, *Boilerplate*, Abrams Image, 2009

Livre anglais. Magnifique travail uchronique où Paul Guinan imagine l'histoire du premier robot soldat, Boilerplate, inventé par le professeur Archibald Campion en 1893. Nous le suivons à travers son existence et ses rencontres avec Roosevelt, Pancho Villa, Mark Twain ou encore Tesla. Présenté comme un essai biographique, le livre est richement illustré de photos d'époque et d'illustration subtilement retouchées.

■ Jess Nevins, *The Encyclopedia of Fantastic Victoriana*, Monkeybrain, 2005

Livre anglais. Immense, dense et riche encyclopédie de la fiction victorienne. Épuisé, le livre peut atteindre des prix insensés sur le marché de l'occasion.

- Brian J. Robb, *Steampunk*, Voyageur Press, 2012

Livre anglais. Brian Robb propose ici une histoire illustrée de steampunk. Le lecteur averti sera déçu de retrouver quelques images connues, mais le grand format, les illustrations pleine page et la qualité de la maquette et du texte sont à souligner.

- Jean-François Sanz, *Futur antérieur*, Le mot et le geste, 2012

Catalogue anglais-français de l'exposition éponyme qui s'est tenue à Paris à la Galerie du jour Agnès B. de mars à mai 2012. Les reproductions des œuvres sont accompagnées d'articles érudits et d'entretiens sur le rétro-futurisme, l'imaginaire ancien et, bien évidemment, le steampunk. Une part belle est donnée aux artistes français.

- Jay Strongman, *Steampunk: The Art of Victorian Futurism*, Korero, 2011

Livre anglais. Comme il est toujours plus agréable de voir des photos sur papier que sur un écran, ce livre propose de visiter les œuvres de quelques-uns des principaux artistes steampunk. Ainsi, parmi les deux cent cinquante illustrations, nous pouvons découvrir des travaux de Stéphane Halleux, Sam Van Olffen, Tom Banwell, Wayne Martin Belger, Greg Brotherton, Frank Buchwald, Chris Conte, Doktor A., Eric Freitas et bien d'autres.

- Major Tinker, *The Steampunk Gazette*, Barron's, 2012

Livre anglais. Conçu comme un guide qui essaye d'embrasser toutes les formes de la culture steampunk. Bonnes adresses, trucs et astuces, accessoires, décorations, artistes, etc. : la liste est longue. La nature même du projet fait que chaque entrée est très rapidement traitée, mais l'accumulation et l'extrême variété des thèmes évoqués sont particulièrement roboratives.

■ Jeff VanderMeer et S. J. Chambers, *The Steampunk Bible*, Abrams Image, 2011

Livre anglais. Première étude d'envergure anglo-saxonne, rédigée par un fin connaisseur du genre, The Steampunk Bible porte bien son nom et se doit d'être dans votre bibliothèque. Ce n'est pas grave si vous ne lisez pas l'anglais : le livre est beau.

■ Scott Westerfeld et Keith Thompson, *The Manual of Aeronautics*, Simon Pulse, 2012

Livre anglais. Conçu comme une extension de la trilogie de Scott Westerfeld, le livre poursuit et conclut la collaboration entre l'écrivain et l'illustrateur Keith Thompson. On y découvre, en couleur, les vaisseaux, créatures et uniformes des romans. Le livre permet de retrouver des souvenirs de lecture et peut être vu comme un élégant hommage des auteurs pour les lecteurs qui les ont suivis durant plusieurs années.

4
LA BANDE DESSINÉE STEAMPUNK

La bande dessinée au sens large (bande dessinée franco-belge, *comics*, *graphic novels* et manga) s'est emparée assez tôt du steampunk prouvant par là même combien son esthétique pouvait inspirer des graphistes, des dessinateurs et bien évidemment des scénaristes… Qu'on en juge par la longévité ou bien par l'influence de certains titres ! Certains avancent assez pertinemment que c'est sur ce support que le steampunk s'est montré le plus populaire. Plusieurs séries, comme *La Ligue des gentlemen extraordinaires*, sont d'ailleurs souvent citées comme œuvres fondatrices au même titre que les romans du trio Jeter, Blaylock et Powers.

Les premiers titres à paraître ont suivi de peu la première vague et n'ont fait que renforcer l'éducation visuelle du public. En effet, nous voyons apparaître très rapidement les premières machines gigantesques, les dirigeables, les hommes mécaniques fonctionnant à la vapeur. Cette appropriation par un genre aussi populaire que la bande dessinée nous rappelle que le steampunk a su très tôt se séparer de la littérature ou, pour être plus juste, explorer parallèlement des supports, des moyens de raconter des histoires différentes.

Voici par exemple quelques séries qui peuvent vous montrer un proto-steampunk, ou du moins la preuve que l'utilisation de l'imaginaire rétro-futuriste est loin d'être nouvelle !

■ Andréas, *Rork*, 1978

Il n'y a pas que la série *Rork* (une intégrale est en train de paraître) sur laquelle vous devriez porter votre attention.

Les amateurs d'ambiances rétro-futuristes peuvent lire avec bonheur la série *Capricorne* tandis que *Révélations posthumes* et la trilogie de *Cromwell Stone* sont à nos yeux des incontournables.

- Jacques Tardi, *Le Démon des glaces*, 1974

Dans cet album, Tardi rend un hommage sincère aux illustrations XIXe siècle dans ce récit qui évoque un roman-feuilleton lovecraftien à la manière d'un livre d'Hetzel. De Tardi toujours, la lecture des *Aventures d'Adèle Blanc-Sec* est incontournable (à la différence du film éponyme de 2010 réalisé par Luc Besson, à la production visuellement irréprochable).

- Schuiten et Peeters, *Sur la route d'Armilia*, 1988

Nous vous recommandons l'édition complétée et retouchée par les auteurs parue sous le titre *La Route d'Armilia et autres légendes du monde obscur* (2010). La série des *Cités obscures* est indispensable : dès le premier album, *Les Murailles de Samaris* (1983), l'Art nouveau est partout… ainsi que les dirigeables !

Bande dessinée francophone

CLOCKWERX
Volumes : tome 1 *Genèse* (2008), tome 2 *Déluge* (2009)
Éditeur : Les Humanoïdes Associés
Auteurs : Jean-Baptiste Hostache (dessin) ; Jason Handerson et Toni Salvaggio (scénario)
Résumé : Londres, XIXe siècle. Les clockwerx sont des robots géants que l'ingénieur Molly Vane a contribué à concevoir. Refusant qu'ils servent à des fins militaires, elle s'est retournée contre ses mystérieux commanditaires et a volé les robots. Maintenant, il lui faut s'emparer du *Lucifernium*, étonnant élément météoritique et source d'énergie exceptionnelle.
Commentaires : Le premier volume met en place doucement l'intrigue et le second la développe en l'éclaircissant un peu plus. Le scénario est des plus classiques et on peut le lui reprocher parce qu'il y a réellement matière à enrichir cet univers d'une façon beaucoup plus substantielle. Le *Lucifernium* tient le rôle du MacGuffin, l'objet prétexte dans les films d'Alfred Hitchcock après lequel tout le monde court et qui permet le déroulement du scénario. Le dessin, par contre, emporte l'adhésion, aussi bien par la beauté des décors (Londres est magnifique) que par la représentation réussie de ces robots géants, expressifs et dynamiques.
Pour aller plus loin : Les deux volumes ont été réunis dans une édition intégrale en 2012.

Empire

Volumes : tome 1 *Le Général fantôme* (2006), tome 2 *Lady Shelley* (2007), tome 3 *Opération suzerain* (2007)

Éditeur : Delcourt

Auteurs : Igor Kordey (dessin) ; Jean-Pierre Pécau (scénario)

Résumé : 1815. Napoléon Bonaparte poursuit ses conquêtes et affronte les troupes anglaises pour s'emparer des Indes. Deux agents français, Saint-Elme, et l'écrivain Charles Nodier partent en mission pour comprendre qui est le général fantôme qui permet aux troupes anglaises de le mettre en échec.

Commentaires : La série multiplie les clins d'œil en assumant son héritage uchronique : des figures historiques abondent, Marie Shelley, Charles Babbage, les inventions de l'époque sont subtilement détournés – de l'électricité aux automates jusqu'à l'apparition des premières machines fonctionnant à « l'huile de roche ». Les allusions littéraires sont tout aussi multiples, Dracula, Frankenstein, la rue Morgue, le *Livre de la jungle*, pour n'en citer que quelques-uns, sont également de la partie. Jean-Pierre Pécau écrit une série steampunk au rythme effréné, qui parvient à tenir en haleine tout en assumant sa volonté de distraire son lecteur en lui faisant passer un bon moment, en un mot, en étant populaire.

Pour aller plus loin : À la fin de chaque volume, le scénariste revient sur les éléments historiques utilisés.

Grandville

Volumes : tome 1 *Inspecteur LeBrock de Scotland Yard* (2010), tome 2 *Grandville mon amour !* (2011)

Éditeur : Milady

Auteur : Bryan Talbot

Résumé : Napoléon a conquis l'Europe. La République socialiste d'Angleterre est indépendante depuis peu. Les anarchistes anglais font régner la terreur en sur le Vieux Continent. L'inspecteur LeBrock, de Scotland Yard, et son adjoint enquêtent sur l'assassinat de Raymond Leigh-Loutre, un crime qui dissimule la plus terrible des machinations… qui le mèneront jusqu'en France et sa capitale, Grandville.

Commentaires : Qui a dit que le steampunk pouvait peiner à trouver de nouveaux champs d'expérimentation ? Bryan Talbot crée un monde magnifique à partir d'une idée originale : faire un récit animalier qui tiendrait du roman policier. Les personnages sont en effet tous des animaux, avec d'étonnantes surprises dans le traitement de leurs personnalités. À noter l'excellence de l'édition française, riche d'une magnifique postface, où l'auteur revient sur son travail et ses influences. Talbot a travaillé sur des séries uchroniques ou rétro-futuristes telles que *Fables* ou encore *Les Aventures de Luther Arkwright*.

Pour aller plus loin : Et si vous alliez jeter un œil sur les caricatures et gravures de Jean Ignace Isidore Gérard (connu sous le pseudonyme de J. J. Grandville) ? Dans sa série Les *Métamorphoses du jour*, il se plaît à se moquer de ses contemporains en les représentant avec des têtes d'animaux. Un troisième volume de la série BD *Grandville* existe et on espère le voir traduire prochainement.

Hauteville House

Volumes : tome 1 *Zelda* (2004), tome 2 *Destination Tulum* (2005), tome 3 *Le Steamer fantôme* (2006), tome 4 *Atlanta* (2007), tome 5 *USS Kearsarge* (2008), tome 6 *Le Diable de Tasmanie* (2010), tome 7 *Expédition Vanikoro* (2011)

Éditeur : Delcourt

Auteurs : Thierry Gioux (dessin) ; Fred Duval (scénario)

Résumé : Hauteville House est la maison de Victor Hugo à Guernesey, mais aussi le quartier général des Républicains qui s'opposent encore à l'empereur Napoléon III. Le personnage principal, connu sous le pseudonyme de Gavroche, part en mission dans le monde entier. Les quatre premiers volumes constituent un premier cycle, centré autour d'une relecture de la Guerre de Sécession. Le deuxième cycle entraîne les personnages vers des aventures effrénées dignes de certains épisodes des *Mystères de l'Ouest*.

Commentaires : Les volumes ne sont pas tous égaux en terme de qualité. Les premiers nous avaient semblé un peu brouillons, mais abandonner la série aurait été une erreur. En effet, les personnages évoluent, se développent au fil des épisodes et l'ensemble devient de plus en plus prenant. L'objectif est clairement ici de distraire et la série y parvient aisément : retournement de situation, trahison, double jeu, manipulation et explosions se succèdent sur un rythme rapide. Enfin, la multitude des inventions et machineries steampunk rend cette série incontournable.

Pour aller plus loin : La série des *Mystères de l'Ouest* et *Les Misérables* de Victor Hugo ? Il serait temps de réviser vos classiques.

Jour J
Volumes :

Les Russes sur la Lune ! (2010) Dessin : Philippe Buchet
Paris, secteur soviétique (2010). Dessin : Gaël Séjourné
Septembre rouge (2010). Dessin : Florent Calvez
Octobre noir (2010). Dessin : Florent Calvez
Qui a tué le Président ? (2011). Dessin : Colin Wilson
L'Imagination au pouvoir ? (2011). Dessin : Mr Fab
Vive l'Empereur ! (2011). Dessin : Gess
Paris brûle encore (2012). Dessin : Damien
Apocalypse sur le Texas (2012). Dessin : Kovacevic
Le Gang Kennedy (2012). Dessin : Colin Wilson
La Nuit des Tuileries (2012). Dessin : Florent Calvez
Le Lion d'Égypte (2013). Dessin : Igor Kordey

Éditeur : Delcourt

Auteurs : Jean-Pierre Pécau, Fred Duval et Fred Blanchard (scénario). Un dessinateur différent par volume.

Résumé : *Jour J* est une série de bande dessinée qui détourne les grands événements du monde, chaque album présentant une uchronie différente. Trois épisodes de cette série sont d'un réel intérêt pour les fans de steampunk car ils couvrent la période historique du mouvement (*Septembre rouge*, *Octobre noir* et *Vive l'Empereur !*). Très peu de fantastique et de machines ici (sauf pour *Vive l'Empereur !*), mais un soin apporté à méticuleusement et malicieusement détourner les faits historiques.

Commentaires : Série uchronique par excellence, les volumes de *Jour J* sont un peu inégaux et dépendent largement des connaissances historiques de chaque lecteur. Cependant, il est possible de ne lire que les épisodes traitant de la période qui vous intéresse.

LA BRIGADE CHIMÉRIQUE

Volumes : tome 1 *Mecanoïde Curie - La dernière mission du Passe-muraille* (2009), tome 2 *Cagliostro - La chambre ardente* (2009), tome 3 *L'homme cassé - Bon anniversaire docteur Séverac !* (2009), tome 4 *Politique internationale - H-A-V-russe* (2010), tome 5 *Le Club de l'Hypermonde - Tola* (2010), tome 6 *La Tête arrive - Épilogue : Le Grand Nocturne* (2010) ; tome 1 *L'Homme truqué*, (2013, nouvelle série)

Éditeur : L'Atalante

Auteurs : Gess (dessin) ; Fabrice Colin et Serge Lehman (scénario)

Résumé : Entre-deux-guerres, l'Europe est partagée entre deux grandes puissances. Chaque Capitale est « protégée » par un surhomme, un super-héros issus des tranchées, du gaz moutarde et des rayons X. Le Nyctalope protège Paris depuis le départ de Marie Curie ou l'hypnotique Dr Mabuse tient, par ses dons, le pouvoir à l'est. Entre jeux de pouvoir et scènes d'action façon *comics*, *La Brigade chimérique* raconte la fin des super-héros européens.

Commentaires : Le dessin se rapproche parfois de Mignola et bien sûr, nous pensons à *La Ligue des gentlemen extraordinaires*. Parfois exigeante par son propos et ses références presque oubliées de notre patrimoine, mais toujours intéressante, *La Brigade chimérique* est un hommage à la littérature populaire de l'entre-deux-guerres et à l'héritage européen de la science-fiction. C'est une véritable réflexion sur l'absence de super-héros à la française, sur la stérilisation de l'imaginaire science-fictionnesque de ce côté-ci de l'Atlantique.

Pour aller plus loin : Il existe *La Brigade chimérique : l'intégrale* (2012). Nous recommandons également la lecture du jeu de rôle, qui explore minutieusement le monde de la Brigade : *La Brigade chimérique - L'encyclopédie* (2010). Serge Lehman a continué son travail autour de la figure du super-héros dans la série *Masqué* (2012), dessinée par Stéphane Créty.

À lire de même, la série *Les Sentinelles* de Xavier Dorison chez Delcourt.

Le Méridien des brumes

Volumes : tome 1 *Aubes pourpres* (2003), tome 2 *Saba* (2007)

Éditeur : Dargaud

Auteurs : Antonio Parras (dessin) ; Érik Juszezak (scénario)

Résumé : Londres, fin du XIXe. Un tueur en série que la presse surnomme l'Équarrisseur fait régner la terreur sur la ville. Un chasseur de fauves, John Coleridge, est contraint de se lancer à sa poursuite. Qui d'autre qu'un prédateur pour en retrouver un autre ? Au fil de son enquête se dessinent derrière le tueur les contours d'un groupe occulte qui le manipule…

Commentaires : L'aventure se déroule sur deux continents, faisant se succéder à la savane africaine les brumeuses rues londoniennes. L'intrigue reste classique, c'est-à-dire assez surprenante pour qu'on ait envie de lire la suite et comprendre la résolution des multiples intrigues qui se superposent. Le dessin met en valeur un steampunk discret qui ne cherche pas à surprendre le lecteur par des structures spectaculaires, mais qui veut représenter une ville qui reste plausible… dans les limites d'un univers steampunk, cela s'entend. Cependant, le récit complet en deux tomes permet aux auteurs d'explorer leur monde, de le donner pleinement à ressentir, notamment dans ses aspects les plus inquiétants et les plus glauques. En cela, la série mérite le détour.

Pour aller plus loin : Les relectures steampunk de Jack l'Éventreur sont nombreuses. Sa rencontre avec Batman dans *Gotham au XIXe siècle* (Panini Comics, 2009) est une des plus étonnantes.

Le Régulateur

Volumes : tome 1 *Ambrosia* (2002), tome 2 *Hestia* (2004), tome 3 *Ophidia* (2006), tome 4 *666 I.A.* (2009), tome 5 *Cordélia* (2012)

Éditeur : Delcourt

Auteurs : Marc Moreno (dessin) ; Éric Corbeyran (scénario)

Résumé : Aristide Nyx est un régulateur, il tue sur commande, la Régulation étant le moyen le plus sûr de stabiliser la population mondiale. Tout le monde tue tout le monde. Mais c'est lorsqu'on lui demande de réguler une amie d'enfance qu'il comprend, contre toute attente, qu'il a des principes.

Commentaires : C'est dans un monde sombre et dystopique que nous emmène Corbeyran, un monde de poutrelles métalliques à mi-chemin entre Brazil, Enki Bilal, les villes de François Schuiten et Gotham City, fortement inspiré par l'Europe des années 1900. Steampunk ? Résolument, mais avec un esprit fin de monde presque post-apocalyptique. La grande force de cette série réside dans cet univers envoûtant qui pallie les failles d'une histoire un poil trop classique.

Pour aller plus loin : Éric Corbeyran est aussi l'auteur d'une autre série steampunk, *Le Réseau Bombyce*.

Le Réseau Bombyce

Volumes : tome 1 *Papillons de nuit* (1999), tome 2 *Monsieur Lune* (2002), tome 3 *Stigmates* (2010)

Éditeur : Les Humanoïdes Associés

Auteurs : Cécil (dessin) ; Éric Corbeyran (scénario)

Résumé : À Bordeaux, Eustache et Mouche sont un duo de monte-en-l'air aussi redoutables qu'organisés. Ce sont eux, le réseau Bombyce. Or, à l'occasion d'un casse dans une maison bourgeoise, ils mettent la main sur un document scandaleux, une bobine de film qui montre des notables se livrant à aux pires perversions. Une course poursuite commence alors.

Commentaires : Le travail de Cécil au dessin touche ici à l'exceptionnel. Après le départ de son scénariste, c'est lui seul qui s'est attelé au scénario afin de mettre une touche finale à la trilogie… Heureuse initiative qui nous permet de découvrir un magnifique Bordeaux steampunk qui sert de toile de fond à une histoire parfois douce-amère, parfois extrêmement violente. Les trois volumes ont mis une décennie à paraître, et le dernier souligne les progrès de Cécil, aussi à l'aise pour l'architecture Belle Époque que pour l'expressivité de ses personnages, auxquels on s'attache jusqu'à la dernière page où…

Pour aller plus loin : Un coffret reprenant l'intégrale des trois volumes a été édité en 2011. Corbeyran a écrit une autre série steampunk, *Le Régulateur*.

Le Voyage extraordinaire

Volumes : tome 1 *Le Voyage extraordinaire* (2012), tome 2 *Le Voyage extraordinaire* (2013)

Éditeur : Glénat / Vents d'Ouest

Auteurs : Silvio Camboni (dessin) ; Denis-Pierre Filippi (scénario)

Résumé : Angleterre, 1927. Deux enfants, Noémie et Émilien, quittent l'internat pour rejoindre enfin les parents de Noémie. Ces derniers sont des aventuriers, des explorateurs, des inventeurs. Ils vivent dans un manoir absolument extraordinaire. La guerre fait rage, de mystérieux robots s'en prennent aussi bien aux Allemands qu'aux Alliés tandis que la disparition du père d'Émilien semble cacher sa part d'aventure.

Commentaires : Ce premier volume est un enchantement, aussi bien visuel (saluons le très beau travail sur la couleur de Gaspard Yvan) que scénaristiquement. Un brin de folie particulièrement savoureux parcourt cette uchronie. L'univers très décalé de *Chapeau melon et bottes de cuir* est irrésistiblement évoqué, surtout dans les multiples idiosyncrasies qui caractérisent ces intrépides aventuriers britanniques. Nous apprécions particulièrement la façon dont le steampunk est au service de l'histoire et non pas simplement un simple gadget visuel. Cabane dans un arbre, cadre victorien, machines verniennes et l'indispensable laboratoire secret souterrain sont autant d'éléments steampunk. Malgré toute la frustration d'un premier album – qui pose l'intrigue, les personnages et aguiche le lecteur – nous sommes sous le charme… Il va sans dire que nous ne dirons rien du deuxième volume, qui confirme tout le bien que l'on pense de cette série.

Pour aller plus loin : Denis-Pierre Filippi est le scénariste de la série *Les Corsaires d'Alcibiade*.

LES ARCANES DE MIDI-MINUIT

Volumes : tome 1 *L'Affaire du Nalta P312* (2002), tome 2 *L'Affaire de la ligne 11* (2003), tome 3 *L'Affaire « Collossos »* (2004), tome 4 *L'Affaire du Oungan* (2005), tome 5 *L'Affaire Sylvak* (2006), tome 6 *L'Affaire du détenu* (2008), tome 7 *L'Affaire Rivendalwn* (2009), tome 8 *L'Affaire Trinski* (2011), tome 9 *L'Affaire mentaliste* (2012), tome 10 *Marnie* (2013)

Éditeur : Soleil

Auteurs : Cyril Trichet (dessin) ; Jean-Charles Gaudin (scénario)

Résumé : York City. Jim Mc Kalan est un agent de talent des services spéciaux du Roi. Il est secondé par sa cousine Jenna, une horlogère. Mais les deux ont un secret : ils partagent le même corps et peuvent se remplacer l'un l'autre en regardant une surface réfléchissante.

Commentaires : Voilà une série qui fête ses dix ans et qui a su évoluer et se renouveler tout en conservant son charme. Le dessin rond de Cyril Trichet capture un univers où tous les imaginaires semblent se mêler qu'ils soient policier, fantastique ou steampunk. Destiné à un large public, chaque album constitue une histoire complète, tandis que les personnages changent progressivement.

Pour aller plus loin : Une intégrale commence à être éditée en 2013. Pour les amateurs d'un univers rétro référentiel et décalé, lisez les deux tomes de Lucio Filippucci et Georges Castellar, *Les Véritables souvenirs du Docteur Mystère* (2003).

Les Sentinelles

Volumes : tome 1 *Juillet-août 1914, les moissons d'acier* (2008), tome 2 *Septembre 1914, la Marne* (2009), tome 3 *Avril 1915, Ypres* (2011)

Éditeur : Delcourt

Auteurs : Enrique Breccia (dessin) ; Xavier Dorisson (scénario)

Résumé : 1911. Les Sentinelles sont une nouvelle arme française, des super-soldats, mi-hommes, mi-machines. Mais ils ne fonctionnent pas correctement et ne sont pas fiables sur le champ de bataille : les batteries tombent à plat sous la mitraille. 1914, grâce aux travaux de Marie Curie sur le radium, il est désormais possible de relancer le projet et d'obtenir enfin de quoi remporter la guerre. Mais Gabriel Feraud, qui a conçu la pile au radium, source d'énergie inépuisable, s'y oppose, jusqu'à ce qu'il soit mobilisé et gravement blessé… Va-t-il devenir la nouvelle Sentinelle ?

Commentaires : Cette superbe série aborde une période sombre de notre histoire, la Grande Guerre et ses tranchées en y ajoutant des touches de science-fiction. Le dessin n'est pas sans rappeler le style des Humanoïdes Associés et le fan de BD pourrait penser à Moebius et à son *Blueberry*. Ce rendu très 1970 donne une touche rétro qui est parfaitement cohérente avec le projet. Les premières pages sont d'un patriotisme fringant soulignant la nécessité du sacrifice et l'immortalité du héros au combat. Puis au fil des pages, cette ode à la patrie devient dégoulinante et le lecteur comprend quel pamphlet antimilitariste il a sous les yeux.

Pour aller plus loin : *Robocop*, les super-héros de *comics*, les photos détournées de Plonk et Replonk et le ton désabusé des *Watchmen* d'Alan Moore.

TANATÔS

Volumes : tome 1 *L'Année sanglante* (2007), tome 2 *Le Jour du chaos* (2008), tome 3 *Le Mystère du Lusitania* (2008), tome 4 *Menace sur Paris* (2011)

Éditeur : Glénat

Auteurs : Jean-Yves Delitte (dessin) ; Didier Convard (scénario)

Résumé : Paris, 1913. Tanatôs, alias le Scarabée, n'est pas qu'un homme dangereux. Il est « l'homme aux 1 000 visages » et il a pour ambition de manipuler les hommes et les gouvernements afin de devenir l'homme le plus riche et le plus puissant du monde. Bien entendu, un groupe d'aventuriers se dresse contre lui alors que la guerre menace.

Commentaires : Il y a du Fantômas dans Tanatôs, du goût du masque jusqu'à l'accent circonflexe du o de son nom. Mais ce n'est pas celui de de Funès, mais bel et bien le terrible personnage né dans les trente-deux romans de Pierre Souvestre et Marcel Allain. Génie du crime, mais aussi génial ingénieur, les inventions de Tanatôs sont autant de magnifiques machines destinées à l'aider dans ses infâmes plans. Le savoir-faire de Didier Convard est manifeste, et le talent de Jean-Yves Delitte pour dessiner de superbes machines éclate à chaque page. De volume en volume, l'histoire progresse avec force, maintenant sa tension et parvenant à progresser en qualité.

Pour aller plus loin : Vous pouvez découvrir une autre relecture du personnage de Fantômas dans *La Colère de Fantômas* (Julie Rocheleau et Olivier Bocquet, Dargaud, 2013) et le voir mettre à feu et à sang le Paris de 1910. Jean-Yves Delitte a rendu un magnifique hommage à Jules Verne dans sa série *Neptune* (quatre tomes).

UniVerne

Volumes : tome 1 *Paname* (2011), tome 2 *Big Apple* (2013)

Éditeur : Soleil

Auteurs : Alexandre Nesmo (dessin) ; Jean-David Morvan (scénario)

Résumé : Paris, décembre 1851, après le coup d'État de Louis-Napoléon Bonaparte, l'éditeur Pierre-Jules Hetzel, Victor Hugo et sa famille fuient Paris. Mais Hetzel meurt. Plus tard, à Paris, en 1900, on découvre une mégalopole steampunk, dont la technologie futuriste est venue d'UniVerne, une cité utopique détruite et mystérieuse. La jeune journaliste Juliette Hénin est sur le point de rencontrer, en prison, la femme de Jules Verne.

Commentaires : Une des plus intéressantes bandes dessinées steampunk ? Nous n'en sommes pas loin. Le dessin de Nesmo (joli clin d'œil à Verne) est à la fois très riche et très dynamique, tandis que le scénario de Morvan trace habilement de nombreuses pistes dans le premier volume, pour les développer de manière explosive dans la suite. Les deux premiers volumes sont d'une grande générosité, n'hésitant pas à tasser un maximum d'action et de péripéties dans une seule planche. Si vous pouvez tolérer le rythme d'enfer de ces albums, ne les ratez pas !

Pour aller plus loin : *Les Aventures du jeune Jules Verne*, tome 1 : *La Porte entre les mondes* (2010) de Pedro Rodriguez et Jorge Garcia est un bel hommage à Verne en imaginant ses aventures… enfant !

Comics

GOTHAM AU XIXe SIÈCLE
Titre : *Gotham by Gaslight* (1989)
Auteurs : Mike Mignola (dessin) ; Brian Augustyn (scénario)
Édition : Panini Comics, 2009
Résumé : 1889. Bruce Wayne revient à Gotham après avoir voyagé en Europe. Il a rencontré Sigmund Freud et lui a parlé de la mort de ses parents. À Gotham, la criminalité ne cesse d'augmenter. Wayne décide alors de créer un alter ego, Batman afin de combattre le crime.
Commentaires : Cette histoire complète en un seul volume n'est pas au sens strict du steampunk, nous sommes plutôt dans une histoire alternative… Mais son concept et ses thèmes sont assez proches pour justifier sa présence dans ces pages… Jugez-en : et si Batman était né plus tôt ? Avec cette série, DC Comics lançait le concept de Elseword, envisageant ses héros dans d'autres époques et d'autres lieux. Ainsi, Batman apparaît comme un disciple de Sherlock Holmes et contemporain de Jack l'Éventreur. Nous devons avouer que si le cocktail peut laisser dubitatif dans son concept, il fonctionne d'une façon surprenante. Est-ce dû à la plasticité du personnage ? À son héritage de la littérature populaire ? Ou peut-être au talent de l'équipe ? Il est certain que le dessin du jeune Mignola (*Hellboy*) n'est pas encore celui d'un maître, mais parvient à impressionner par ses belles ambiances gothiques.
Pour aller plus loin : L'édition française comporte un deuxième récit, *Batman: Master of the Future* qui raconte la suite des aventures de Bruce Wayne, une fois qu'il a rangé son costume suite aux événements de *Gaslight*.

Captain Swing et les pirates électriques de Cindery Island

Titre : *Captain Swing and the Electrical Pirates of Cindery* (2011)

Auteurs : Raulo Caceres (dessin) ; Warren Ellis (scénario)

Édition : Milady, 2012

Résumé : Londres, une nuit de 1830, Charlie Gravel, poursuit un tueur de policiers, Spring Heeled Jack, surnommé Capitaine Swing. Ce dernier, capable de faire des bonds prodigieux et armé d'une étrange arme, parvient à s'enfuir à bord d'une barque volante. Si ses supérieurs ne le croient pas, Gravel est déterminé à retrouver cet homme, même si son enquête doit lui ouvrir les yeux sur le monde dans lequel il vit.

Commentaires : Le terme *Swing riots* désigne le mouvement contestataire des travailleurs agricoles du sud de l'Angleterre en 1830. Des centaines de lettres de menaces, adressées à des propriétaires terriens ou à des magistrats, étaient signées par un énigmatique Capitaine Swing qui ne fut jamais identifié. Il a d'abord été une légende urbaine avant de devenir une figure littéraire, souvent utilisée, reprise ou pastichée. Ce *comics* a de quoi attirer l'œil, la maquette alternant certaines pages de texte avec le corps de la bande dessinée. Cependant, les choix graphiques, accentuant à outrance les ombres et les noirs afin de mieux faire ressortir la couleur de l'électricité, peuvent dérouter. Mais l'histoire est d'une densité impressionnante, lançant des pistes de réflexion aussi bien philosophiques que politiques et ne peut laisser indifférent. Alors à moins d'être allergique aux idées et préoccupations de Warren Ellis, ce titre est incontournable.

Pour aller plus loin : Le Capitaine Swing apparaît déjà dans le roman de Bruce Sterling et William Gibson, *La*

Machine à différences, avec un traitement plus réaliste, et forcément dans *L'Étrange Affaire de Spring Heeled Jack* de Mark Hodder (Bragelonne, 2013).

IGNITION CITY
Titre : *Ignition City* (2009)
Auteurs : Gianluca Pagliarani (dessin) ; Warren Ellis (scénario)
Édition : Glénat, 2012
Résumé : 1956. Les Martiens ont attaqué la Terre pendant la Seconde Guerre mondiale et les choses ne seront plus jamais les mêmes. Mary, la fille du célèbre pilote Rock Raven, atterrit un petit matin à Ignition City pour y enquêter sur la mort de son père. Est-elle prête pour les découvertes et dangers qui l'attendent ?

Commentaires : Beau et intelligent, que demander de plus ? Le dessin de Pagliarani explore les moindres recoins de cette base déliquescente, dernier point de départ pour l'espace et lieu des rêves et aspirations morts. Le scénario de Warren Ellis est peut-être un de ses meilleurs. Le tout constitue un récit rétro-futuriste assez prenant, explorant le mythe de l'aventurier, dans une fusion audacieuse en science-fiction, western et rétro-futur. Les puristes diront que ce n'est pas du steampunk, mais du dieselpunk. Effectivement, Londres, le brouillard et Victoria sont loin. Mais, que diable ! La mécanique narrative est indubitablement rétro-futuriste, le cadre référentiel et les citations nombreuses. Ne pas vous laisser l'occasion de découvrir ce titre serait non seulement une erreur, ce serait un crime !

Pour aller plus loin : L'édition française regroupe en un seul volume l'intégrale des cinq numéros d'*Ignition City*.

La Ligue des gentlemen extraordinaires
Titre : *The League of Extraordinary Gentlemen*
Auteurs : Kevin O'Neill (dessin) ; Alan Moore (scénario)
Édition : Éditions USA, 2001
Résumé : Recrutés par l'énigmatique Campion Bond, aux ordres de « M », l'homme mystère, six justiciers sont au service de l'Empire britannique. Ils doivent affronter le terrible Docteur et ses plans de conquête mondiale. Mais les choses ne sont pas exactement ce qu'elles semblent être. De nombreux facteurs inconnus sont en jeu. Et un incroyable drame se noue…

Commentaires : Superbement servie par le dessin de Kevin O'Neill, la série est une des pierres d'achoppement de la culture steampunk. L'intertextualité est définitivement le point fort de cette bande dessinée. Les personnages, tout d'abord, sont tous des références à des héros de romans populaires du XIXe siècle : Quatermain de Haggard, Mina Harker de Stoker, Nemo de Verne, Docteur Jeckyll de Wells et l'Homme invisible. Ces (anti-)héros forment une équipe malgré eux, qui luttent pour sauver Gloriana (une version alternative de l'Empire britannique).

Le tour de force d'Alan Moore est de mettre des références littéraires et historiques dans chaque case. Ainsi, l'équipe enquête forcément « Rue Morgue » (Edgar Poe), lutte contre Fu Manchu et Moriarty sur fond d'invasion des extra-terrestres (H. G. Wells). Outre ces références érudites, c'est surtout le ton général de la série qui la rend intemporelle. Les héros, ironiques et désabusés, sont cruellement actuels tout en étant clairement ancrés dans le passé.

Pour aller plus loin : Le film éponyme de Stephen Norrington, sorti en 2003, est une adaptation tellement libre (certains diront ratée) qu'on en perd tout l'intérêt de la série, malgré de beaux décors. Alan Moore refusera d'ailleurs d'apparaître au générique. Lisez plutôt *La Brigade chimérique* et le roman *Kraven* de Xavier Mauméjean.

UN ENTRETIEN AVEC JESS NEVINS

Jess Nevins est un auteur américain et documentaliste pour l'université Lone Star College-Tomball au Texas. Il est particulièrement connu pour ses annotations de la Ligue des gentlemen extraordinaires[39] *et son* Encyclopedia of Fantastic Victoriana.

Quelle est votre définition du steampunk ?

Ma définition personnelle est assez traditionnelle : un décor XIXe siècle, urbain, avec de la vapeur et une pincée de punk. Mais ce n'est pas comme ça que la plupart des gens le définissent aujourd'hui et ça ne correspond pas non plus à la culture steampunk. Je pense donc que je devrais changer ma définition pour quelque chose de plus large.

Je ne suis pas sûr qu'il existe aujourd'hui une définition certifiée du steampunk, il faudra peut-être attendre cinq ou dix ans pour en avoir une qui fasse consensus.

Si l'on considère l'immense travail que vous avez effectué sur la *Ligue des gentlemen extraordinaires*, comment expliquez-vous que cette série soit devenue fondamentale pour la culture steampunk ?

Le dessin, l'iconographie, l'utilisation nouvelle des personnages, sa qualité générale et son style. Voilà pourquoi la *Ligue* peut être considérée comme fondamentale. C'est un document de base pour le mouvement steampunk datant d'avant la vague de popularité que nous connaissons aujourd'hui.

---

[39] *Heroes & Monsters: The Unofficial Companion to the League of Extraordinary Gentlemen*. MonkeyBrain, 2003.

JESS NEVINS

Pourquoi avez-vous posté vos annotations sur Internet ? Est-ce si important d'avoir des retours de fans de *La Ligue* ?

Je voulais garder une trace de toutes les références, il fallait que je les répertorie toutes. Puis j'ai décidé de les mettre sur le net, les internautes ont été séduits et ont ajouté les leurs. Donc, oui, c'est important d'avoir le retour d'autres lecteurs, il y a tellement de références que je serais passé à côté de nombre d'entre elles.

Pourquoi y a-t-il tant de références dans la *Ligue des gentlemen extraordinaires* ?

Parce qu'Alan Moore et Kevin O'Neill en veulent à ma vie. :-)

Pourquoi avez-vous décidé d'écrire une encyclopédie sur les personnages de la littérature du XIXe siècle[40] ?

Parce que tant de textes, romans et récits de cette époque sont fabuleux à lire et ne sont pas lus par les lecteurs modernes. Je veux faire la critique ainsi qu'un peu de prosélytisme pour des histoires et des romans qui, je pense, n'ont pas l'attention qu'ils méritent.

Lisez-vous beaucoup de littérature steampunk ?

Je n'en lis pas vraiment. En fait, je suis trop occupé avec l'écriture de mon propre roman pour trouver le temps de lire pour le plaisir.

Pourriez-vous nous en dire un peu plus sur ce roman ?

C'est un roman de *fantasy* dans un monde asiatique avec de la magie, des bateaux volants, des fantômes

---

[40] *The Encyclopedia of Fantastic Victoriana*, MonkeyBrain, 2005.

kidnappés, un dragon et un garçon qui suit la doctrine confucéenne tout en étant chargé d'une terrible mission… un peu comme quand Barry Hughart[41] rencontre Patrick O'Brian[42].

Pensez-vous qu'il devrait y avoir plus d'explications sur les références utilisées dans les romans steampunk ? Un peu comme les quelques pages explicatives à la fin de chaque tome de la série *Léviathan* de Scott Westerfeld[43].

Cela dépend de l'auteur et du livre. Certaines références n'ont pas besoin d'être expliquées car on attend du lecteur qu'il ait la culture pour les comprendre.

Vous avez fait un lien entre le steampunk et les Edisonades[44]. Comment expliquer l'importance de ces dernières à un public non américain ?

Les Edisonades ont été très populaires auprès du public américain. Elles révèlent tellement ce que les Américains préféreraient ignorer d'eux-mêmes. Je pense que son importance provient du fait qu'elles expriment l'identité américaine du XIXe siècle. Plus que n'importe quel autre genre, les Edisonades personnifient et expriment certaines

---

[41] Auteur américain de la série *Aventures de Maître Li et Bœuf numéro Dix*, Denoël, 2000.
[42] Auteur britannique de la saga des aventures du capitaine Jack Aubrey. Tome 1 : *Maître à Bord*, 1970.
[43] Pocket Jeunesse. 2012.
[44] Les Edisonades étaient des fictions américaines, vendues en fascicules à la fin du XIXe siècle, qui racontaient les aventures de Thomas Edison ou d'un jeune inventeur. Le modèle en est *The Huge Hunter, or the Steam Man of the Prairies* de Edward S. Ellis (1868).

caractéristiques des États-Unis que nous, les Américains, préférerions savoir ne pas faire partie de notre nation.

Autrement dit : les Edisonades sont importantes car elles offrent un aperçu direct sur le côté obscur de la psyché américaine, une vue plus directe qu'aucun autre genre n'a pu apporter.

Comment expliquez-vous que tant d'auteurs, à l'instar d'Alan Moore, aient inventé le steampunk au même moment ?

Je pense que c'était dans l'air du temps, c'était l'Ère du steampunk. Ce qui aurait pu faire plaisir à Charles Fort[45].

Quelle est la place du punk dans le steampunk actuel ? Pensez-vous que le mouvement soit moins rebelle en devenant plus grand public ?

Je pense que l'aspect punk a pratiquement disparu et ce que j'ai vu du steampunk a moins de conscience sociale et est moins rebelle. Mais comme je l'ai dit, je ne lis pas beaucoup de steampunk en ce moment, peut-être que je passe à côté de steampunk vraiment punk.

Comment voyez-vous le steampunk dans cinq ou dix ans ?

Amoindri, comme n'importe quel autre genre, comme le cyberpunk ou la *fantasy* urbaine. Je suis désolé, mais le steampunk a dépassé son point culminant.

---

[45] Charles Fort était un écrivain américain dont le travail est particulièrement méconnu en France. Il s'est attaché à recueillir et à documenter tous les faits paranormaux pour proposer des théories extravagantes pour les relier entre-eux. *(NDT)*

Pensez-vous que le steampunk doit dépasser certains clichés pour se développer ?

Oh, absolument, comme dans n'importe quel genre. Mais chacun a sa propre vision des clichés et cela dépend de chacun. J'aimerais pour ma part voir moins de *gentlemen* inventeurs, par exemple, mais d'autres considéreront ces *gentlemen* comme une figure récurrente ou un archétype plus qu'un cliché. Ça dépend. :-)

Lady Mechanika
Titre : *Lady Mechanika* (2010)
Auteur : Joe Benitez
Édition : Aspen MLT, trois numéros, inédits en France
Résumé : Angleterre. XIXe siècle. Lady Mechanika est mi-aventurière et mi-détective privée. Elle est surtout aussi dangereuse que séduisante. Elle est l'unique survivante d'un terrible massacre. Elle découvre que ses membres ont été remplacés par des prothèses mécaniques ! Amnésique, elle enquête toujours sur ses origines, tout en officiant pour rétablir la justice.

Commentaires : Non traduit à ce jour ! Parutions plus qu'erratiques ! Inspirée par les costumes que Joe Benitez voyait dans les conventions et par la sexy Kato de steampunkcouture.com, la série *Lady Mechanika* agace autant qu'elle est captivante. Pourquoi agaçante ? Parce que les formes callipyges de l'héroïne n'apportent rien à l'histoire et semblent inutilement sexy. Le titre est bon et tombe ainsi parfois dans le trop. Joe Benitez sait dessiner de jolies pin-up et se fait manifestement plaisir dans cette série qu'il bichonne. Les collectionneurs recherchent les nombreuses éditions de chaque titre, avec à chaque fois des couvertures différentes. En 2012, il a quitté son éditeur Aspen Comics pour se mettre à son compte. Espérons que cela permettra de relancer la série sur un rythme plus régulier (et que cela pourra intéresser un éditeur français !).

STEAM WEST
Auteur : Frédéric Pham Chuong
Édition : Kotoji, 2013

Résumé : À Dodge Town, le shérif Wyatt O'Banon est de la vieille école. Mais voilà qu'arrive en ville un nouveau type de marshall, un robot à l'apparence humaine… on l'appelle le Steam West.

Commentaires : Des robots à vapeur en plein Far West ? Voici du *weird west*. On y mélange allègrement fantastique, science-fiction, horreur et autres zombies dans un cadre western. Ici, l'univers cinématographique de la série B se fracasse contre celui de la science-fiction dans un cocktail aussi étonnant que détonant. Ce n'est pas pour en faire une histoire mièvre comme *Cowboys et Envahisseurs* (2011), mais bien pour réaliser un récit âpre, violent et particulièrement prenant. Nous retrouvons, en effet, les principales interrogations que pose l'existence d'une créature mécanique anthropomorphique, pensante et indépendante. Mais le questionnement, s'il est présent, a lieu sous un déluge de plomb. Ce qui fait, vous en conviendrez, toute la différence. Mention spéciale au graphisme, brouillon de prime abord, mais pensé dans son unité et sa composition.

Pour aller plus loin : Explorer les territoires du *weird west* ? Ne partez pas sans votre Joe Lansdale, comme *Zeppelins West* (2001) (attention aux yeux sensibles, c'est clairement orienté adulte !) ou regardez (en famille cette fois) l'épisode de *Doctor Who* « A Town Called Mercy » (2013). À défaut, vous pouvez lire *Iron West* (2006) de l'Américain Doug TenNapel.

STEAMPUNK
Titre : *Steampunk* (2000)
Auteurs : Chris Bachalo (dessin) ; Joe Kelly (scénario)
Édition : Sémic, 2001, sept volumes parus en France sur les douze existants

Résumé : Au XVIIIe siècle, en Angleterre, un jeune pêcheur, Cole Blaquesmith, est amoureux de miss Fiona, une jeune aristocrate idéaliste qui a entrepris de l'éduquer. Malheureusement, Fiona meurt d'une maladie incurable même si Cole a tout tenté et tout sacrifié pour la sauver. C'est ainsi que nous le retrouvons cent ans plus tard, émergeant des caves londoniennes, avec un cœur artificiel (à vapeur !) dans la poitrine. Comment s'est-il retrouvé là ? Pourra-t-il survivre dans ce Londres steampunk et affronter les démons venus du passé ?

Commentaires : La série, très ambitieuse, n'a pas dépassé l'année, faute de ventes suffisantes. Elle s'achève seulement à la fin du premier acte, nous laissant, forcément, sur notre faim. Le dessin de Bachalo révèle une patte très personnelle, avec des planches qui peuvent sembler confuses. Le scénario souffre de l'inachèvement de la série, mais présente quelques belles idées science-fictives. Le plus grand problème est que des trames se dessinent au fil des numéros, puis se complexifient avec l'introduction de nouveaux personnages et la meilleure connaissance par le lecteur des enjeux narratifs… et cela s'arrête brutalement. Pour notre grande frustration finalement, nous aurions tellement aimé pour savoir comment s'achève l'histoire d'amour de Cole et de miss Fiona.

Manga

CITY HALL

Auteurs : Guillaume Lapeyre (dessin) ; Rémi Guérin (scénario)

Édition : Ankama, 2012 (série en cours)

Résumé : *City Hall* est un manga français qui se passe dans un monde futuriste où le papier a été banni il y a deux cents ans car trop dangereux. En effet, quiconque écrit sur un papier voit son texte devenir réalité ! Quand l'un des ministres est assassiné et qu'un bout de papier est trouvé sur les lieux du crime, l'inspecteur Lestrade décide avec le maire de faire appel aux seules personnes sachant encore écrire : le jeune Jules Verne et son ami Arthur Conan Doyle.

Commentaires : L'action se situe dans un monde rétro-futuriste où se côtoient trains à vapeur, véhicules au design rétro et tablettes tactiles. Absence de papier oblige, l'humanité a développé d'autres canaux de communication, notamment les écrans.

Cet ouvrage est intéressant, car tout d'abord, à part *Fullmetal Alchemist*, peu de mangas ont tenté une réelle approche du steampunk. En deuxième lieu, c'est un manga français et qui plus est, il regorge de bonnes idées scénaristiques. En troisième lieu, les auteurs jouent au maximum la carte de la métafiction en faisant cohabiter autant des personnages historiques que littéraires. Enfin, c'est une formidable fable sur le pouvoir des mots.

Pour aller plus loin : *City Hall* offre une bonne occasion de (re)lire Jules Verne et Arthur Conan Doyle !

GUILLAUME LAPEYRE

*Guillaume Lapeyre est un jeune dessinateur du sud de la France qui a longtemps travaillé dans le monde de la bande dessinée franco-belge (*Les Contes du Korrigan, Les Contes de Brocéliande*). Il se lance en 2012 dans le manga avec Rémi Guérin au scénario. Ensemble, ils publient la série steampunk à succès* City Hall *chez Ankama.*

Comment est né *City Hall* ?

C'est d'abord le titre ! Aussi improbable que peut l'être cette histoire, c'est en premier lieu le titre de *City Hall* qui nous a donné l'envie d'écrire ce manga !

Ensuite c'était le souhait d'avoir notre propre *Ligue des gentlemen extraordinaires*[46] avec Jules Verne en chef de file. Rémi Guerin, l'auteur de *City Hall*, a souhaité y intégrer un enquêteur, un leader, un aventurier et un manipulateur. Et le casting s'est fait naturellement, Jules Verne, Arthur Conan Doyle, Malcolm X, Amélia Earheart et Harry Houdini. Le dénominateur commun était une époque et quelque chose à faire autour de l'écrit. Nous sommes partis naturellement vers la possibilité que tout ce qu'on décrit prenne vie, avec tous les risques que cela comporte.

Peut-on considérer *City Hall* comme un manga steampunk ?

Oui, bien sûr, nous décrivons un Londres rétro-futuriste avec Jules Verne en personnage principal. Et si on estime que le papier a disparu depuis plus de deux cents ans, les hommes ont dû trouver un moyen de communiquer, c'est

---

[46] Alan Moore et Kevin O'Neill, *La Ligue des gentlemen extraordinaires*, Éditions USA, 2001.

pourquoi notre univers est doté d'Internet, de *smartphones* et de tablettes en 1900.

Pourquoi avoir choisi un petit format à votre récit (trois tomes par enquête) ?

Trois tomes est un bon rythme pour une histoire complète. Le premier tome permet de poser les bases de l'univers, de présenter les personnages et d'amorcer l'intrigue, le second fait une part belle à l'enquête que mènent Jules Verne et Arthur Conan Doyle afin de démasquer Lord Black Fowl et le troisième met en place la confrontation finale, grandiose et pleine d'action avant de dévoiler enfin la vérité. Je pense que nous nous baserons sur ce schéma pour le second cycle de *City Hall* !

Quelles sont pour vous les grandes caractéristiques d'un récit steampunk ?

Un univers uchronique bien ficelé et crédible, de bons personnages charismatiques (mais ça doit être le cas pour tout type d'histoire), un récit qui nous happe et nous fait voyager du début jusqu'à la fin, quelque chose d'exotique.

Il existe très peu de mangas steampunk. Pourquoi avoir choisi cette forme d'expression ?

Il y a *Fullmetal Alchemist*[47] que j'avais adoré. Je ne sais pas si on peut le ranger dans cette catégorie, mais dès que Rémi m'a parlé de l'univers de *City Hall*, je n'ai pas pu m'empêcher de faire le rapprochement. Je m'en suis inspiré pour l'ambiance, et le mélange savamment dosé d'action, d'aventure, d'humour et de moments réellement tragiques.

---

[47] Arakawa, *Fullmetal Alchemist*, Kurokawa Éditions, 2005.

Ensuite, j'ai toujours voulu faire un manga. J'ai découvert la bande dessinée avec les mangas et, même si je me suis intéressé par la suite aux *comics* et la bande dessinée franco-belge, les mangas constituent le gros de ma collection. Ankama nous a permis de développer *City Hall* sous cette forme, je n'ai pas hésité une seule seconde !

Pensez-vous que le steampunk ait une autre portée qu'esthétique ? Comment cela se ressent-il dans *City Hall* ?
Je n'ai malheureusement pas beaucoup étudié le mouvement steampunk dans toute sa globalité. En tant que dessinateur, je me suis surtout concentré sur le côté esthétique. Je me suis beaucoup documenté, mais je voulais aussi ne retenir que les éléments qui colleraient à notre univers. Je me suis amusé à les détourner pour tenter de faire quelque chose de particulier. Je ne sais pas si j'ai réussi.

Comment expliquez-vous l'attrait autour du steampunk ?
Le côté imaginaire et terriblement attractif de ce genre de mouvement. Je pense que les gens ont besoin d'être propulsés dans des univers riches et passionnants, sans compter sur la mode steampunk qui est de toute beauté, que ce soit pour les hommes ou pour les femmes, ou encore le retour des véritables valeurs de comportement loin du quotidien. Bref, le steampunk nous fait rêver, et c'est pourquoi il a autant de succès !

Quelles directions allez-vous prendre pour votre série ?
Nous allons développer une seconde histoire qui se déroulera encore sur trois tomes. Sans rien révéler de la fin

du premier cycle, les choses vont évoluer et se compliquer pour Jules Verne et ses amis, le nouvel enjeu mettra à rude épreuve les talents de déduction d'Arthur Conan Doyle ainsi que le savoir-faire d'Amélia Earheart. Il y aura de nouveaux personnages sans parler du voyage que vont entamer nos personnages jusqu'au cœur même de la naissance du mouvement steampunk : Paris !

FULLMETAL ALCHEMIST
Titre : *Alchemist of Steel (Hagane no Renkinjutsushi)*
Auteur : Hiromu Arakawa
Édition : Kurokawa, juillet 2001-novembre 2010, vingt-sept volumes
Résumé : En Amestris, l'alchimie est une science majeure. Les frères Elric, Eward et Alphonse, ont brisé un interdit en tentant en vain de rendre la vie à leur mère. L'alchimie a un coût : un gain ne peut avoir lieu sans perte. Elric a un bras mécanique tandis qu'Alphonse est réduit à une âme habitant une armure. Les deux frères parcourent le monde à la recherche de la pierre philosophale, qui pourrait leur rendre leurs corps.

Commentaires : Classique, drôle et épique. La découverte de la galaxie *Fullmetal Alchemist* peut surprendre celui qui n'a pas l'habitude des fresques au long cours des mangas. Le manga est riche de sa variété de tons, allant de l'humour enfantin (après tout, les héros sont à peine adolescents) à une certaine violence, à mesure que les personnages découvrent ce qu'est l'alchimie. Nous sommes donc en présence d'un très classique récit initiatique – un *shônen* pour le marché nippon.

Pour aller plus loin : Les adaptations sont multiples. Séries, films, livres, jeux. L'univers de *Fullmetal Alchemist* a connu une expansion et une vitalité assez remarquables. La version animée, lancée alors que la série était encore en cours de publication, s'éloigne assez de sa source.

Steam Detectives

Titre : *Steam Detectives (Kaiketsu Jōki Tanteidan)*
Auteur : Kia Asamiya
Édition : 1994-2000, huit volumes inédits en français
Résumé : La ville gigantesque et tentaculaire de Steam City est la version steampunk de Londres. La technologie à vapeur domine désormais toutes les formes de technologie et a permis, par son développement, des progrès considérables. Nous suivons les aventures d'un jeune détective, Narutaki, de sa courageuse assistante Ling Ling et de son robot géant, le Megamaton.

Commentaires : Si toute bonne série se définit par la qualité de ses méchants, *Steam Detective* pourrait presque l'emporter dans la catégorie jeunesse : Baron Machine, Le Bread et la nemesis de Narutaki, le Phantom Knight, sont ignobles, cruels et retords à souhait. Les personnages sont unidimensionnels – d'ailleurs, leur dessin est assez schématique. Le plaisir de lire *Steam Detective* réside dans la beauté des décors et des machines : en un mot dans une esthétique steampunk exploitée en toute liberté.

Pour aller plus loin : Le manga n'a pas été traduit en français. Une série d'animation a également été produite pour rester inédite dans nos contrées.

Sur le web

Girl Genius
Titre : *Girl Genius*
Auteurs : Phil et Kaja Foglio
Édition : Studio Foglio, début de la publication en 2001
Résumé : Agatha Heterodyne est une bricoleuse de talent. Elle a le spark, l'étincelle qui lui permet d'entrer dans un état de concentration extraordinaire. La guerre fait rage entre les savants, plus ou moins fous et la technologie ne cesse de progresser.

Commentaires : Disponible en ligne : http://www.girlgeniusonline.com/, la série *Girl Genius* a pour slogan « Adventure, Romance, MAD SCIENCE! » et tout est dit ! Le *comics* – en anglais exclusivement pour le moment – a un mode de diffusion particulier, en dehors des structures traditionnelles : il est d'abord disponible en ligne puis édité en volume ultérieurement. De nouvelles pages sont ainsi publiées chaque semaine et accessibles gratuitement. Avec pas moins de trois prix Hugo, la série a été couverte de récompenses à l'étranger et demeure une valeur sûre.

Pour aller plus loin : Les auteurs ont également écrit deux romans, *Agatha H. and the Airship City* (2011) et *Agatha H. and the Clockwork Princess* (2012) qui se déroulent dans l'univers de la série.

2D GOGGLES, OR THE THRILLING ADVENTURES OF LOVELACE AND BABBAGE

Titre : *2D Goggles, or the Thrilling Adventures of Lovelace and Babbage*

Auteur : Sydnee Padua

Édition : 2011, édition numérique

Résumé : Et si Charles Babbage et Ada Lovelace avaient réussi à construire leur machine à différences (le premier ordinateur) et lancé l'Empire dans l'ère de l'ordinateur ? Qu'auraient-ils fait ensuite ? Ils auraient combattu le crime, pardi !

Commentaires : Disponible en ligne : http://sydney-padua.com/2dgoggles/, *The Thrilling Adventures of Lovelace and Babbage* est une websérie par Sydnee Padua, graphiste pour le cinéma (*La Boussole d'or*, *Narnia*…).

Son concept est basé sur des recherches biographiques sérieuses et une étude approfondie de la correspondance entre Babbage et Lovelace (souvent plus steampunk que nature !), une énorme touche d'humour et de dérision en plus ! Le casting fait souvent appel à Brunel, Wellington et la Reine Victoria et met en avant un personnage injustement méconnu de l'histoire des sciences, Ada Lovelace.

Alors Ada et Babbage *crime-fighter* ? *To the Difference Engine!*

Pour aller plus loin : *The Thrilling Adventures of Lovelace and Babbage* sera publié par les éditions Panthéon (*Maus*, *Persépolis*) en 2014. Peut-on espérer ensuite une traduction française ? Une application iPad existe également.

5
LE STEAMPUNK MULTIMÉDIA

Disons-le tout de go : chercher un film steampunk peut s'avérer une quête assez frustrante. Existe-t-il un long métrage où l'on retrouverait toutes les caractéristiques du genre dans son scénario, dans son traitement des personnages et, bien sûr, dans sa description graphique de l'univers ?

Nous avons beaucoup de films dont la sensibilité est proche de celle du steampunk, d'autres sont du protosteampunk. Par exemple, on peut évoquer le travail du réalisateur tchèque Karel Zeman. Il a adapté Jules Verne en mêlant diverses techniques d'animation comme en 1958, avec *L'Invention diabolique*, qui est d'une force visuelle rare. D'autres films ont travaillé la matière victorienne : on peut penser à *C'était demain* de Nicolas Meyer (1979) qui met en scène H. G. Wells voyageant dans le temps pour poursuivre, de nos jours, Jack l'Éventreur. Citons aussi *Sleepy Hollow* (1999) de Tim Burton qui mêle influences gothiques et celles des films de la firme britannique Hammer ou encore *La Cité des enfants perdus* de Marc Carot et Jean-Pierre Jeunet (1995).

Ces films ont tous en commun de mélanger aussi bien les époques et les esthétiques afin de créer un univers visuel référentiel. Ce faisant, le réalisateur établit une position de spectateur originale, le plaçant à la fois comme le témoin de l'histoire qui se déroule à l'écran et comme un visiteur de sa propre mémoire cinéphilique ou littéraire.

De plus, le cinéma apporte au steampunk sa capacité de sidération devant la mise en mouvement, la création d'espaces insoupçonnés, le pur enchantement visuel d'une réalité proche de la nôtre et paradoxalement irrémédiablement différente. En cela, on retrouve l'enchantement propre à la bande dessinée.

Steampunk et cinéma

CAPITAINE SKY ET LE MONDE DE DEMAIN
Titre : *Sky Captain and The World of Tomorrow*
Réalisateur : Kerry Conran
Année : 2004
Résumé : 1939, Polly Perkins (Gwyneth Paltrow) est une journaliste d'investigation qui travaille pour le *Chronicle*. Sa nouvelle enquête ? Trouver pourquoi des scientifiques disparaissent un peu partout dans le monde. L'intrépide pilote Joe « Sky Captain » Sullivan (Jude Law) se joint à elle pour lutter contre le maléfique Dr Totenkopf (Sir Laurence Olivier).

Commentaires : Film étrange que celui-ci, à la fois pionnier dans la forme (il fut l'un des premiers à être intégralement tourné sur fond vert, l'ensemble du décor étant par la suite généré par ordinateur), et hommage vibrant aux *serials* des années 1930-1950, à l'esthétique du film noir et bien sûr au *comic book*. Est-ce que l'ampleur technique a pris le pas sur le travail du scénario ? Il est vrai que l'intrigue manque par moment du souffle que suggèrent les images. Projet à la fois passionnant par son ambition et par sa tentative d'opérer une fusion entre le passé et le futur, les aventures du Capitaine du Ciel restent profondément attachantes.

Pour aller plus loin : Tous les amoureux de la vieille science-fiction américaine ne peuvent rater le *comics* de Dave Stevens, *Rocketeer*, voire son adaptation cinématographique de 1991 de Joe Johnston, futur réalisateur d'un autre beau film rétro-futuriste, *Captain America* (2011).

CONAN, FILS DU FUTUR
Titre : *Mirai Shōnen Konan*
Réalisateur : Hayao Miyazaki
Année : 1978, première diffusion française en 1989
Résumé : Quelques années après la Troisième Guerre mondiale et ses ravages, le jeune Conan est élevé par son grand-père sur une île. Survient la jeune Lana. Elle est en fuite et leur apprend que l'humanité s'est réfugiée sur de nombreuses îles, seuls vestiges du passé. Venue de celle d'Edenia, elle refuse de céder la technologie de l'énergie solaire à Industria pour qu'ils puissent recommencer la guerre.

Commentaires : Étrange mélange que cette série post-apocalyptique qui débouche sur une technologie rétro-futuriste. Elle est adaptée du roman d'Alexander Key, *The Incredible Tide* (1970). Hayao Miyazaki est aux manettes et cela se sent. Force du scénario, pertinence des personnages, cohérence du propos et surtout beauté des machines. L'aventure du jeune Conan est un classique de l'animé qui s'aborde aujourd'hui sans la révérence que l'on réserve aux œuvres marquées par le temps.

Pour aller plus loin : De nombreux thèmes de la série reviennent dans le deuxième long métrage de Miyazaki, *Nausicaä de la vallée du vent* (1984), et dans son *Château dans le ciel* (1986).

Le Château dans le ciel

Titre : *Laputa: Castle in the Sky (Tenkū no Shiro Rapyuta)*
Réalisateur : Hayao Miyazaki
Année : 1986
Résumé : Sheeta, qui fuit ses geôliers, et Pazu, un jeune mineur, sont tous les deux en quête de *Laputa*, l'île volante utopique où ils pourront peut-être trouver la fortune et leur liberté.

Commentaires : Outre *Le Château dans le ciel*, nous pouvons citer cet autre chef-d'œuvre des studios Ghibli, *Le Château ambulant* (2005). Les films d'Hayao Miyazaki sont steampunk par le mélange des époques, le goût pour la machine volante et de la mécanique en général, sans oublier bien sûr ses sources littéraires : Laputa provient du *Voyages de Gulliver* de Jonathan Swift, l'influence de Jules Verne est également présente. Mais ce n'est pas un steampunk victorien, il s'agit d'une esthétique pleinement maîtrisée qui est utilisée comme un outil narratif et non pas comme une simple décoration. En outre, il ne faut pas négliger une autre évidence : le steampunk y est nippon, prenant des éléments de la culture occidentale et leur donnant une couleur, une densité et un sens asiatiques.

Pour aller plus loin : Une étude française, *Hayao Miyazaki, cartographie d'un univers* de Raphaël Colson (Les Moutons électriques, 2010).

HELLBOY II
Titre : *Hellboy II*
Réalisateur : Guillermo del Toro
Année : 2008
Résumé : Les elfes, les orques et les gobelins ont longtemps étaient en guerre contre les humains. Les Légions d'or, une arme dévastatrice, avaient permis la défaite des humains, ne survivant que grâce à la mansuétude du roi des elfes. Des siècles plus tard, leur prince, Nuada, veut reprendre la guerre contre les humains et reformer les Légions d'or. Hellboy (Ron Perlman) est le seul à même de l'affronter.

Commentaires : Alors que le premier film de la série ne faisait qu'esquisser les contours d'une adaptation de qualité, le deuxième ose franchir le pas d'une radicalisation de son esthétique. Et quel superbe ouvrage ! Visuellement nous sommes dans un enchantement, tandis que le scénario, bien que parfois maladroit, ose traiter la question du super-héros d'une façon intelligente. Bien sûr, le steampunk n'est pas son objet principal, ni même son genre, mais l'influence rétro-futuriste se retrouve de costumes en décors et s'avère simplement magnifique. La bande dessinée de Mike Mignola est fidèlement adaptée, donc trahie intelligemment pour développer une version très personnelle d'Hellboy et de son histoire.

Pour aller plus loin : Se plonger dans l'œuvre de Mike Mignola ou celle de del Toro.

Le Prestige

Titre : *The Prestige*
Réalisateur : Christopher Nolan
Année : 2006

Résumé : Alfred Borden (Christian Bale) est un magicien de la fin du XIXe siècle jugé pour l'assassinat de son rival Robert Angier (Hugh Jackman). Sous la forme d'une série de flashbacks, le film suit la rivalité hors-norme entre les deux artistes.

Commentaires : Adaptation du roman homonyme de Christopher Priest, *Le Prestige* peut surprendre par sa présence dans cette liste. En effet, certains pourraient objecter que la seule brillante reconstitution de la fin du XIXe siècle ne saurait suffire. Leur erreur serait de penser que le steampunk ne peut être que grandiose et spectaculaire. Ici, il prend la forme d'une ritournelle, discrète, mais présente : les travaux, réels ou non, de Tesla jouent un très grand rôle dans l'intrigue et la science devient progressivement de plus en plus incroyable. Il s'agit donc d'un steampunk qui ne se révèle que progressivement et qui ne cherche absolument pas à nous dévoiler sa nature science-fictive. Ce qui est finalement particulièrement normal : un magicien ne révèle pas le secret de ses tours.

Pour aller plus loin : La série des *Sherlock Holmes* de Guy Ritchie (avec Robert Downey Jr. et Jude Law) sont aussi des films sous influence steampunk, dans une tentative d'enrichir une relecture assez plate des textes d'Arthur Conan Doyle.

Mutant Chronicles
Titre : *Mutant Chronicles*
Réalisateur : Simon Hunter
Année : 2008

Résumé : 2707. La guerre dévaste la planète Terre. Elle a pris un tour nouveau quand des hordes mutantes sont apparues. Le conflit se termine alors avec une probable extinction de l'humanité. Un groupe de soldats part en mission suicide afin de découvrir la mystérieuse « machine » qui est la source de l'apparition des mutants et peut-être la détruire.

Commentaires : D'accord, ce n'est pas un chef-d'œuvre et l'intrigue n'est certainement pas de celles qui vous laisseront un souvenir émouvant. Le film est une adaptation lointaine du jeu de rôle du même titre dont il reprend seulement les grandes lignes. La distribution, Ron Perlman, John Malkovitch et Thomas Jane en tête, fait son job. Les effets spéciaux sont du niveau d'une série B. L'esthétique steampunk sauve l'ensemble en donnant une originalité et une profondeur visuelle assez bienvenues. Quelques belles images de véhicules à vapeur : est-ce assez pour prendre deux heures de votre temps ? Vous êtes seul juge, mais considérez-vous prévenu !

Pour aller plus loin : L'univers ludique de *Mutant Chronicles* embrasse toutes les formes de jeux (de rôles, de cartes, de plateau, de figurines, etc.) ainsi que plusieurs romans.

STEAMBOY
Titre : *Steamboy (Suchîmubôi)*
Réalisateur : Katsuhiro Ōtomo
Année : 2004

Résumé : 1866, Londres. Ray Steam est un adolescent qui partage le même génie technique que son père, Edward, et son grand-père, Lloyd. Les deux hommes n'ont plus donné de nouvelles depuis leur départ pour les États-Unis. Or, un jour, il reçoit un colis contenant une étrange sphère… bientôt suivie par des hommes de la Fondation O'Hara qui finance les recherches de ses parents. Il fuit. Londres se prépare pour l'inauguration de l'Exposition universelle et Ray doit maintenant comprendre ce qu'il possède et ce qui est arrivé à son père et à son grand-père.

Commentaires : *Steamboy* a été le film d'animation japonais le plus cher de l'histoire. Un tel budget est à la hauteur des ambitions techniques narratives de son réalisateur, Katsuhiro Ōtomo (*Akira*, quand même !). Il mêle, en effet, animation traditionnelle et animation assistée par ordinateur. Mais ce n'est pas tant la mise en scène brillante et inventive d'Ōtomo qui frappe que son discours sur la science. Les deux figures paternelles, le père et le grand-père, incarnent deux conceptions de l'esprit scientifique, deux façons différentes d'envisager le bonheur futur de l'humanité. Alors bien sûr, on peut regretter que le scénario ne soit pas à la hauteur de la splendeur visuelle du film et que l'intrigue soit tissée de fil blanc. Pourtant, on se laisse emporter quand même, vision après vision, par ce long métrage atypique et visionnaire qui est certainement le film le plus steampunk à ce jour.

Pour aller plus loin : Ne ratez pas le générique de fin. En une série d'images fixes représentants de futures aventures de *Steamboy*, nous passons insensiblement d'un imaginaire à l'autre, du steampunk au rétro-futurisme dieselpunk.

SUCKER PUNCH
Titre : *Sucker Punch*
Réalisateur : Zack Snyder
Année : 2011

Résumé : Internée contre son gré, Babydoll (Emily Browning) est une résistante. Avec ses compagnes d'infortune, Sweet Pea (Abbie Cornish), sa sœur Rocket (Jena Malone), Blondie (Vanessa Hudgens) et Amber (Jamie Chung), elle lutte pour s'échapper de l'asile. Le combat pour la liberté se trouve transposé dans de multiples mondes imaginaires.

Commentaires : Film d'un metteur en scène qui s'autorise toutes les folies, entre numéros chantés à la *Moulin rouge !* et mouvements de caméra impossibles, *Sucker Punch* (qui désigne un coup bas en anglais) a tout de l'OVNI filmique – un OFNI ? –, aussi épuisant visuellement qu'enthousiasmant... pour certains ! Il est évident que la liste des défauts de ce film est assez longue et pourtant... Zack Snyder, dans sa volonté frénétique d'en mettre plein les yeux, reste infiniment sympathique. Il veut faire du cinéma et ne recule devant aucun excès. Comment y résister ? Avec un peu de tolérance, nous ne pouvons que céder au plaisir coupable de voir sur grand écran un combat entre des jeunes femmes virevoltantes et un robot samouraï géant...

Pour aller plus loin : On ne saurait trop vous conseiller de regarder le film dans sa version longue, qui apporte un peu plus de cohérence à l'ensemble.

Wild Wild West

Titre : *Wild Wild West*
Réalisateur : Barry Sonnenfeld
Année : 1999
Résumé : 1869. James West (Will Smith) et Artemus Gordon (Kevin Kline) luttent contre l'infâme et démoniaque Dr Arliss Loveless (Kenneth Branagh) qui veut assassiner le Président des États-Unis.

Commentaires : Quel naufrage ! Adapter la série mythique des années 1960 *Les Mystères de l'Ouest* et ne parvenir qu'à cette suite indigeste de scènes péniblement liées les unes aux autres laisse sans voix. Le choix de Will Smith pour le rôle de James West aurait pu être brillant si le film avait été jusqu'au bout de la transgression qu'il impose par rapport à la série originale. Mais il n'en est rien, et seul Kevin Kline semble se démener pour faire exister son personnage. La seule chose qui sauve l'ensemble est le travail sur le design rétro-futuriste du film. Et là, on en prend plein les yeux ! La tarentule mécanique géante du Dr. Loveless, les décors, les costumes, tout est superbe. Un film à voir au moins une fois, même si c'est la télécommande à la main.

Pour aller plus loin : Certains des épisodes de la série originale sont à redécouvrir, bien évidemment. Pour une dose de western rétro-futuriste, n'oubliez pas *Retour vers le futur III* (1990) !

Le steampunk à la télévision

Le steampunk à la télévision est aujourd'hui encore le parent pauvre du mouvement. À cette époque de la série télévisée reine, nous n'avons toujours pas LA grande série steampunk que nous appelons de nos vœux. Est-ce un manque d'ambition des diffuseurs ? Une méconnaissance, pour ne pas dire une ignorance du genre ? Ou est-ce que nous exagérons son importance ?

Cela ne doit pas être le cas car il est bel et bien présent pour qui sait le dénicher. La récompense est souvent là, riche de nombreuses promesses et de merveilles visuelles.

À tout seigneur tout honneur, la première série télévisée proto-steampunk était diffusée bien avant que le mot n'existe : il s'agit des *Mystères de l'Ouest* de Michael Garrison, dont les quatre saisons furent diffusées entre 1965 et 1969 aux États-Unis et à partir de 1967 sur l'ORTF. La série est un génial fourre-tout, mélangeant allègrement western, comédie, espionnage à la James Bond et science-fiction parodique. Le cadre historique est joyeusement maltraité alors que les deux agents – James T. West (Robert Conrad) et Artemus Gordon (Ross Martin) – parcourent le pays en obéissant aux ordres du Président Ulysses S. Grant et affrontent des génies du crime aussi déments que leurs plans pour dominer le monde – notre préféré étant naturellement le démoniaque Dr Miguelito Quixote Loveless (Michall Dunn).

Lointaine et digne héritière des *Mystères de l'Ouest*, la série américaine *Les Aventures de Brisco County* (*The Adventures of Brisco County, Jr.*, 2006) avec un Bruce Campbell en très grande forme n'a connu qu'une seule saison. Brisco County est à la poursuite de la bande qui a tué son shérif de père. Ce qu'il ignore, c'est que son chef, Bly (Billy Drago), vient du futur et a un plan bien à lui. Le mélange uchronique entre science-fiction, esprit feuillonnesque et pur délire verbal ou visuel fonctionne parfaitement. Pendant vingt-six épisodes, on nous a démontré qu'il était possible de distraire avec humour, intelligence et style. Vous serez d'accord avec nous, trop en avance sur son temps, il était urgent que cette série cesse !

En 2000, *The Secret Adventures of Jules Verne* propose de suivre en vingt-deux épisodes les aventures du jeune Jules, qui rencontre à travers le monde les personnages qui surgiront plus tard dans ses livres. La série est très grand public et joue la carte du clin d'œil (notamment avec son casting de seconds rôles convoquant John Rhys-Davies, René Auberjonois, Patrick Duffy et Margot Kidder). L'aspect steampunk est incarné d'une part par le méchant de la série, le comte Gregory, un cyborg qui fonctionne grâce à la vapeur, mais d'autre part par *L'Aurora*, dirigeable appartenant à Phileas Fogg ! On retrouve les éléments de base d'une série avec le héros charismatique, le méchant machiavélique et le vaisseau qui sert à la fois de base et de poste de combat. Cette forme de classicisme n'est pas pour nous déplaire pour une série qui, si elle est un peu lente, et parfois un peu décevante, possède son propre charme.

Les pays anglo-saxons ne sont pas les seuls à s'intéresser au steampunk. En Asie, *Nadia, le secret de l'eau bleue* (1990) est inspiré d'un projet abandonné de Hayao Miyazaki : faire une nouvelle version de *Vingt mille lieues sous les mers*, en l'adaptant très librement pour un jeune public. Hideaki Anno raconte les aventures de Jean qui, pour défendre l'étrange et séduisante Nadia, se retrouve malgré lui plongé dans le conflit entre le capitaine Némo et le chef d'une mystérieuse organisation, Argon. *Nadia* est de ces séries dont le succès et la pérennité de sa réputation font les classiques.

Toujours dans l'animation japonaise, on ne peut faire l'économie de citer *Last Exile* (2003) de Koichi Chigira. C'est un projet assez étrange. L'action ne semble pas se placer sur Terre, mais dans un monde uchronique, où l'aviation a pris une importance capitale, à tel point que l'action entière se déroule dans les airs ou dans des machines volantes. Des nations sont en guerre, luttant pour la suprématie culturelle et économique. Mais la situation est, bien évidemment, nettement plus complexe que cela et les jeunes héros le découvrent au fil des épisodes, quand ils seront obligés de prendre parti. Amateurs de beaux designs, ne passez pas à côté ! Cette série, mélangeant 3D et 2D, offre beaucoup plus que ce que son intrigue laisse supposer au premier abord.

Afin d'être complet, nous pouvons évoquer une série pleinement steampunk, tirant ostensiblement vers le fantastique : *D.Gray-man* de Katsura Hoshino. Sortie en manga en 2004, elle a été adaptée en animé en 2006. Son ambiance est délicieusement sombre. La Congrégation de l'Ombre lutte contre les créatures maléfiques conçues par le Comte Millénaire. Le mélange exorcisme, symbolisme chrétien et récit initiatique peut surprendre à l'instar de l'univers gothique décrit. Il est d'une grande cohérence à l'image de ce méchant à la fois effroyablement débonnaire et particulièrement inquiétant.

Le steampunk à la télévision doit-il se réduire à un mouvement de bascule entre une naissance en Occident et une renaissance en Orient ? Cela ne serait déjà pas si mal si nous ne négligions en même temps les ressources mises en œuvre par les réalisateurs et scénaristes pour faire, malgré tout, du steampunk.

Ainsi, la série policière américaine *Warehouse 13* (créée par Jane Espenson et D. Brent Mote en 2009) a embauché l'artiste plasticien Richard R. « Datamancer » Nagy[48] afin de réaliser certains des accessoires utilisés par les héros, chargés de récupérer de dangereux artefacts. Le personnage d'H. G. Wells apparaît durant la série – bien sûr c'est une femme qui a de terribles ambitions pour les objets que détient l'entrepôt 13. Un épisode franchement steampunk a même été tourné, se focalisant entièrement sur une aventure de Wells (Jaime Murray), laissant par là même la rumeur qu'une série dérivée serait envisageable. La rumeur tournant toujours après quelques années sans se réaliser, on peut considérer qu'elle a vécu. Mais le steampunk continue à surgir… là où on ne l'attend pas. La série américaine *NCIS : LA* a présenté en 2009 un épisode se déroulant dans… En fait, on ne le sait pas trop : peut-être du gothique, du steampunk ou d'un truc à la mode dont le scénariste a entendu parler en boite de nuit… Comme une réponse à cette insulte au genre, les scénaristes de *Castle* ont proposé leur propre vision d'un épisode steampunk, « Punked ». Un banquier est tué par une balle vieille de deux cents ans en plein New York et le téléspectateur se voit expliquer, avec clarté et une certaine

---

[48] Bidouilleur célèbre de la communauté steampunk. Il a notamment customisé des ordinateurs en remplaçant le plastique par de la marqueterie et les claviers par des touches en nacre. Site officiel : Datamancer, http://www.datamancer.net/

élégante simplicité, ce qu'est le steampunk. Il est certain que la diffusion de cet épisode a joué un grand rôle dans la découverte du steampunk par le grand public.

Riese: Kingdom Falling (crée par Ryan Copple et Kaleena Kiff en 2009) est une série steampunk post-apocalyptique qui a eu une destinée étrange. Les dix épisodes ont d'abord été diffusés sur Internet avant d'attraper l'œil de la chaîne américaine Scifi. Le web comme moyen de sauver les séries steampunk ? Pourquoi pas ? L'acteur américain Bruce Boxleitner (*Babylon 5*) cherche à monter son projet *Lantern City*[49] en s'appuyant sur les diverses communautés de vaporistes à travers le monde afin de concevoir l'univers visuel de la série, les décors, les accessoires. Le but étant de créer assez d'agitation et de devenir assez visible pour que le financement de la série devienne possible. Un autre projet à garder à l'oeil est la webserie *Progress*[50]. L'Angleterre victorienne a développé une version d'Internet propulsé à la vapeur et Jack l'Éventreur publie ses crimes sur le web !

Pendant ce temps, les grandes chaînes américaines n'attendent pas. Dans leur course effrénée à l'audience, il s'agit de ne pas rater ce qui pourrait être *the next big thing*. Un studio semble à la pointe. ABC a mis en production un épisode pilote pour une série intitulée *Gaslight* (oui, l'originalité du titre peut faire trembler) qui serait une espèce de *soap opera* se déroulant dans un San Francisco steampunk.

ABC semble d'ailleurs fermement décidée à tenter la carte du steampunk, à l'américaine. Elle développe actuellement un projet *Finn & Sawyer* qui nous permettrait de retrouver les héros de Mark Twain, jeunes hommes et détectives, du côté d'une Nouvelle-Orléans steampunk…

---

[49] Site Internet : http://lanterncitytv.com/
[50] Site Internet : http://progresstheseries.com/

Courts métrages steampunk

Alors qu'il semble difficile de citer un long métrage steampunk qui ferait l'unanimité, de nombreux formats courts sont consultables sur la toile. Cette disparité s'explique principalement par un savant mélange de format et d'esthétique. Le court métrage offre des possibilités d'exploration visuelle tout en gardant un propos concis. Ensuite, son mode de production permet plus d'audace, car les considérations de rentabilité sont largement moindres que pour un blockbuster. Enfin, il est désormais possible d'avoir accès aisément aux moyens de tournage et de montage qui permettent à des passionnés de se lancer dans l'aventure un peu folle de tourner sa version courte de son long métrage idéal.

Rapide tour d'horizon de formats courts à ne pas rater sur la toile :

- « Arms Race » est un film de Nigel Clegg. Pendant la guerre de Crimée, deux militaires britanniques assistent au massacre d'une unité de la Couronne par des robots géants. Ils se saisissent d'une mitrailleuse à vapeur, une nouvelle arme qui pourrait bien la renverser (la vapeur) et faire gagner la Grande-Bretagne.

Disponible sur YouTube.

- « Dr Grordbort Presents: The Deadliest Game » est un court métrage tourné par onze élèves de la Media Design

School d'Auckland en Nouvelle-Zélande dans l'univers du Dr Grordbort de Greg Broadmore. On y retrouve l'humour féroce et décalé du roman graphique *Victoire !*

Disponible sur Vimeo.

■ « The Mysterious Geographic Explorations of Jasper Morello » est un court métrage australien en noir et blanc (avec quelques touches de beige). Jasper Morello est un aéronaute qui se voit confier une mission de pose de sonde météo. Engrenages et vapeur sont au rendez-vous dans ce format court (?) de presque trente minutes tout en ombres chinoises.

Disponible sur YouTube.

■ « La Main des Maîtres » est un court métrage d'animation en 2D/3D par Adrien « CaYus » Toupet, Clément Delatre et Looky pour leur projet de fin d'études à l'École Georges Meliès/EESA. Ce film raconte l'attaque d'une imprimerie clandestine révolutionnaire par le pouvoir en place dans ce monde uchronique. Le steampunk s'exprime ici dans les décors, le propos, les tenues des militaires et surtout dans l'énorme machine d'imprimerie et sa multitude de mains mécaniques en charge de la copie des tracts. Encore une fois, la France mêle steampunk, poésie et politique.

Disponible sur : http://www.lamaindesmaitres.com/fr/

■ « L'Inventaire fantôme » et « Monsieur Cok » sont deux courts métrages de Franck Dion, illustrateur de talent. « L'Inventaire fantôme » est petit film en stop motion (image par image) qui narre l'histoire d'un huissier venant faire une saisie dans une maison un peu particulière, celle d'un vieil homme qui collectionne les souvenirs dont plus personne ne veut.

« Monsieur Cok », quant à lui, dirige une usine de fabrication d'obus. Afin d'améliorer le rendement de son usine, il remplace les ouvriers par des automates, provoquant au passage la colère de l'un de ses employés.

Disponible sur : www.franckdion.net/

- « A Gentlemen's Duel » est un court métrage de Blur Studio. Il raconte un duel entre un Français et un Britannique pour les beaux yeux d'une riche demoiselle. Une simple invitation à boire le thé se transforme rapidement en une véritable bataille rangée avec de nombreux accessoires steampunk tous plus loufoques et gigantesques les uns que les autres.

Disponible sur YouTube.

Le jeu steampunk

Le steampunk s'est développé très tôt dans la sphère du jeu. On peut même dire qu'un des premiers relais entre la littérature et l'explosion du steampunk a été le jeu de rôle. Par la suite, à mesure que l'esthétique steampunk s'est développée, de nombreuses formes de jeu s'en sont emparées : jeux de plateau, jeux vidéo, jeux de cartes et bien évidemment jeux grandeur nature. Comme il n'y a pas que le *Professeur Layton* et *Assassin's Creed*, voici une sélection de quelques titres, classés par genre.

Jeux de plateau :
- *The Airship Pirate Board Game* (2013)

(Anglais) Un jeu de plateau dans l'univers des chansons du groupe Abney Park.

- *Dystopian Wars* (2010)

(Anglais) Jeu de batailles à grande échelle avec des figurines de moins de 10 mm dans un monde steampunk très prononcé. La gamme disponible à la vente est assez impressionnante.

- *Khronos* (2006)

Jeu de conquête et de gestion qui mêle trois époques simultanément, sur trois plateaux de jeu, le Moyen Âge, la Renaissance et les Temps modernes.

- *Leviathans* (2012)

Jeu de combat avec figurines pour simuler des batailles entre navires des airs. Le jeu est cher, mais très beau.

- *Mad Zeppelin !* (2010)

Un jeu de (très belles) cartes où il s'agit de piller les cargaisons d'un Zeppelin impérial. Pour des parties courtes entre amis.

- *Mission Planète Rouge* (2005)

Faites évoluer votre groupe industriel afin d'être le premier à conquérir Mars !

- *Novembre rouge* (2008)

Des gnomes doivent survivre alors que leur sous-marin est en perdition. Un jeu coopératif, amusant et léger.

- *Level Up* (2010)

Sorte de rami amélioré, *Level Up* propose aux joueurs d'atteindre la Lune grâce à des combinaisons de cartes. Un jeu superbement steampunk grâce aux illustrations de Franck Dion (voir « L'Inventaire fantôme » et « Monsieur Cok » dans la section courts métrages).

- *Warmachine* (2006)

(Anglais) Jeu d'escarmouche de chez Privateer Press, avec des figurines l'échelle 30 mm. Le jeu mélange robots à vapeur et magiciens dans un monde *technofantasy*. De nombreux suppléments et extensions développent le monde et ses possibilités.

- *Wiraqocha* (2011)

Soyez du côté de l'Empire britannique version steampunk dans ce jeu de gestion où il faut bien sûr faire un maximum de coups bas pour gagner.

Jeux de rôle :

- *Airship Pirates* (2011)

(Anglais) Jeu de rôle qui place les joueurs dans l'univers des chansons du groupe Abney Park.

- *Aventures dans le monde intérieur* (2009)

Années 1880. Comme son titre l'indique, à vous les aventures dans la Terre creuse ! Le jeu en est à sa deuxième édition, avec des suppléments disponibles pour enrichir votre expérience ludique.

- *La Brigade chimérique* (2012)

Inspiré par la bande dessinée éponyme, vous êtes un super-héros des années 1920… car depuis les travaux de Marie Curie, tout a changé. Un jeu pour les adeptes du radiumpunk !

- *Château Falkenstein* (1995)

Un classique du jeu de rôle steampunk, avec un univers qui opère la fusion entre les mondes de Jules Verne et ceux de Tolkien. Ancien, le jeu est tout de même souvent une source d'inspiration pour de nombreuses parties de grandeur nature.

- *Cthulhu by Gaslight* (1987)

Le jeu de rôle *L'Appel de Cthulhu* est un classique au même titre que *Donjons et Dragons*. Il se joue à trois époques :

1920, la plus jouée, 1990 et 1890. *Cthulhu by Gaslight* est un supplément regroupant toutes les informations pour jouer en 1890. Pas forcément steampunk, mais vous y trouverez tout de même les règles pour voyager dans le temps avec la machine de Wells !

Ce supplément nécessite le livre de base de *L'Appel de Cthulhu*.

■ *Deadlands* (1996)

Jeu de rôle ambiance *weird west* dont le système de règles remplace les dés par des jeux de cartes et s'inspire du poker.

■ *GURPS Steampunk* (2000)

Comme son nom l'indique, *GURPS Steampunk* est le supplément steampunk du système générique *GURPS*. Du steampunk en somme assez classique, mais ce supplément a tout de même gagné le Origins Award for Best RPG Supplement of 2000. Attention, l'utilisation de ce supplément nécessite le livre de base *GURPS*. *GURPS Château Falkenstein* est aussi disponible.

■ *Space 1889* (1988)

(Anglais) L'ancêtre du jeu de rôle steampunk où des aventuriers victoriens explorent l'espace, où l'Empire britannique n'affronte plus les Zoulous, mais les Martiens. Vu son succès, *Space 1889* a été décliné sous la forme de jeu vidéo, de romans.

■ *Uchronia 1890* (2009)

Jeu de rôle à l'époque victorienne, gratuit et disponible en ligne. Le monde steampunk a pour originalité de se développer à mesure que les actions des joueurs l'influencent.

Jeux vidéo :

■ *Arcanum : Engrenages et Sortilèges* (2001)

Dans le monde d'*Arcanum*, le joueur doit choisir entre la voie de la technologie ou celle de la magie. Ce RPG compense ses faiblesses techniques par un scénario riche et complexe.

■ *BioShock* (2007)

Jeu de tir à la première personne, au scénario roublard et passionnant. La ville sous-marine de Rapture est un cauchemar rétro-futuriste, le jeu est un classique. Deux suites existent : *BioShock 2* (2010) et en particulier *BioShock Infinite* (2013) qui reprend consciemment une esthétique rétro-futur.

■ *Dark Project : La Guilde des voleurs* (1998)

Dans un monde médiéval-fantastique fortement steampunk, vous incarnez un voleur dans des missions de plus en plus difficiles. Le jeu a connu plusieurs suites.

■ *Dishonored* (2012)

Dans ce jeu en vue subjective rétro-futuriste, vous incarnez un garde du corps injustement accusé de la mort de l'impératrice. Les différentes missions sont les étapes vers la vengeance du héros !

■ *Myst* (1993)

Vous êtes l'Étranger dans ce jeu en vue subjective et vous devez résoudre les énigmes de l'île de Myst. Un classique du jeu, qui affirme haut et fort l'influence de Jules Verne.

- *Rage* (2011)

Un jeu de tir à la première personne dans lequel le joueur doit survivre dans un monde post-apocalyptique. Le moins steampunk du lot, mais le plus dieselpunk (ah... ces étiquettes !)

La musique steampunk

La musique steampunk est un courant encore émergeant même si certains groupes *mainstream* commencent à phagocyter son esthétique. De nombreux groupes revendiquent cependant une étiquette steampunk et participent ainsi à la création du genre. Il est par conséquent assez délicat de le définir, tout comme le steampunk d'ailleurs ! Ces groupes sont souvent issus des mouvements industriels, folk ou goths, incorporant ainsi le steampunk comme une évolution dans leur œuvre. Captain Brown, le chanteur d'Abney Park, explique ainsi que pour lui la musique steampunk est celle créée par et à destination de la communauté steampunk…

Néanmoins, certaines constantes existent. Tout d'abord, la plus frappante est l'esthétisme : les membres portent sur scène des tenues d'inspiration steampunk. Ensuite, viennent les thèmes de leurs chansons. En effet, les groupes s'inscrivent dans une histoire fictive, chacun racontant des histoires uchroniques. Chaque membre du groupe peut ainsi être le personnage d'une fiction ou les albums peuvent raconter, tels de purs albums concept, une ou plusieurs histoires.

Enfin, l'approche une nouvelle fois *Do it yourself* est assez prégnante au sein des groupes de musiques steampunk. La majorité d'entre eux sont d'ailleurs farouchement indépendants, sans majors pour les produire. Ils assurent eux-mêmes leur promotion et sont assez friands des sites de financement participatif !

Quelques influences proto-steampunk :
À l'écoute de nombreux groupes steampunk, il est assez aisé d'identifier des racines allant vers la musique gothique, industrielle, folk, dark wave. Voici cependant trois groupes qui ont, par un moyen ou un autre, ouvert la voie. Ce choix ne repose bien sûr que sur nous.

- Rasputina a remis au goût du jour l'utilisation des instruments de musique de chambre. Les trois demoiselles du groupe jouent au maximum la carte du désuet et de la nostalgie tout en donnant un coup de jeune au bon vieux violoncelle.
http://www.rasputina.com/

- The Dresden Dolls. Est-il possible de faire du punk avec juste un piano et une chanteuse ? The Dreden Dolls l'a fait. Attitude, instruments et la personnalité d'Amanda Palmer (madame Neil Gaiman) démontrent que le steampunk est d'abord une question de savoir être.
http://www.dresdendolls.com

- Tom Waits et sa voix rocailleuse, ses textes déglingués dépeignant des personnages bizarres et loufoques, des situations tristes ou joyeuses, mais toujours trempées dans une dose de Bourbon. Tom Waits est un personnage. Difficile de déterminer ce que le steampunk a pu puiser dans son travail, l'humour, le *weird west* lointain ? Pourtant, dès les premières notes, les premiers sons… plus de doute possible !
http://www.tomwaits.com/

Les fondateurs :
- Abney Park est certainement le groupe phare du mouvement steampunk. Internationalement connu, le groupe mélange multiples influences et a su créer un univers cohérent autour de lui avec de nombreux produits dérivés (jeu de rôle, romans…).

http://www.abneypark.com/

- Vernian Process est un groupe phare de la scène steampunk avec leur rock industriel et burlesque. Emmené par le chanteur Josh Pfeiffer (cocréateur du label Gilded Age Record), Vernian Process tire ses inspirations de la science-fiction du XIXe siècle (principalement H. G. Wells et Jules Verne) et des séries télé *weird west* comme *Les Mystères de l'Ouest*.

http://www.vernianprocess.com/

- Dr Steel est un joyeux trublion qui ne désire qu'une seule chose, conquérir le monde ! La musique (en particulier le hip-hop) n'est qu'un des nombreux moyens mis à sa disposition.

Il est un véritable fondateur du mouvement steampunk notamment par la création des Toys Soldiers, une armée de volontaires à son service. Il existe des régiments de Toys Soldiers partout dans le monde prêts à donner leur vie avec humour pour permettre au grand Dr de réaliser son destin. À prendre au second degré bien sûr !

http://www.toysoldiersunite.com

Quelques groupes à écouter :

- The Men That Will Not Be Blamed For Nothing : certainement le groupe le plus punk du mouvement. Reprenant les riffs des punks 70's, ils incorporent de nombreuses références historiques et littéraires dans leurs titres.

- The Cog is Dead est un groupe étrange et éclectique. Leur premier album, *Steam Powered Stories* est construit comme une série radiophonique reprenant par exemple des bulletins d'information entre les chansons. Les titres se succèdent, tous aussi différents les uns que les autres rendant l'expérience d'écoute parfois déconcertante.

- Sunday Drivers, groupe anglais mélangeant, world music, musique traditionnelle indienne, jazz, folk et fusion. Un groupe indépendant avec une réelle identité, résolument steampunk !
http://www.sundaydriver.co.uk/

- Professor Elemental. Mixant hip-hop avec des textes *so british* et décalés, Professor Elemental s'est fait une place à part sur la scène steampunk tant par sa musique que par sa personnalité. Humour anglais, accent *british* et une bonne tasse de thé…
http://www.professorelemental.com/

- Frenchy and the Punk est un duo franco-américain mélangeant folk, attitudes punk, bohème et cabaret. Leurs chansons entraînantes ont conquis le monde entier. À écouter, « Yes! I'm french », dont le clip a été tourné à Metz avec le concours de l'association steampunk : Les Mécaniques des Rêves.

http://www.frenchyandthepunk.com/

■ BB Blackdog : deux basses, une batterie, soixante-cinq chansons et quatre cents concerts sur cinq ans (!) pour une musique psychédéliques/stoner/blues/funk rock (oui, on se moque des étiquettes !).

http://bbblackdog.net/

■ Coppelius est une formation allemande mélangeant rock et musique de chambre. Vaudeville et Berlin 1920 sont au rendez-vous !

http://www.coppelius.eu

Et en France ?

■ Victor Sierra mélange dans son rock industriel des touches orientales, des samples steampunk (trains à vapeur, zeppelins). Derrière un concept fort, Anouk nous emmène par sa voix sur des sommets vaporeux. Victor Sierra est l'un des rares groupes français à s'exporter à l'étranger. Ils ont d'ailleurs partagé la scène avec de grands groupes comme Abney Park.

http://victorsierra.bandcamp.com/

■ Spiky nous offre un concept album rock symphonique et steampunk avec son *Carnival Symposium*. Morceaux étranges, parfois burtoniens ou mansioniens avec notamment la collaboration du chanteur de The Cog is Dead. L'ambiance est superbement servie par le packaging soigné signé Aurélien Police.

http://www.spiky.fr/

■ Narval est un groupe de métal lyonnais. Le *death metal* produit est de facture assez classique avec quelques touches plus atmosphériques. Cependant, les costumes, les thématiques abordées dans les chansons et le design des instruments ont une approche résolument steampunk.

http://www.narvalband.com/

UN ENTRETIEN AVEC CAPTAIN BROWN / ABNEY PARK

Robert Brown, alias Captain Brown, est le leader du groupe Abney Park, certainement la formation musicale steampunk la plus connue. Il a tourné avec son groupe dans le monde entier, popularisant le mouvement steampunk grâce à un savant mélange de styles, de sonorités et de visuel rétro.

Pouvez-vous nous expliquer comment est né le groupe Abney Park ?

Abney Park a commencé comme beaucoup d'autres groupes, avec un type dans son garage. Ce type, c'était moi, et j'étais dans un petit garage londonien que j'avais loué à la fin des années 1980. J'avais un synthé et j'avais la tête remplie d'histoires qui parlaient de petits garçons mécaniques et de villes alimentées par des machines à vapeur…

Je suis retourné vivre à Seattle en pleine période grunge et j'ai démarré un groupe qui ne collait pas du tout à la scène grunge. J'ai travaillé dur à ce projet pendant plusieurs années, non sans succès. En revanche, je n'avais pas vraiment de ligne directrice. J'essayais différents genres comme on essaie des vêtements en espérant trouver quelque chose qui corresponde à mes goûts très éclectiques.

Finalement, au début des années 2000, j'ai décidé de créer quelque chose de nouveau. La musique gothique et la musique indus avaient emprunté leur nom à des genres littéraires. Alors, j'ai choisi un genre littéraire qui n'avait pas encore donné son nom à un style de musique et j'ai essayé d'en faire un nouveau genre musical. Dix ans plus tard, la scène steampunk a explosé. Elle compte des centaines de groupes indépendants et beaucoup de groupes de grands labels se mettent au steampunk.

UN ENTRETIEN AVEC CAPTAIN BROWN / ABNEY PARK

Pouvez-vous présenter au public français le concept d'Abney Park et du zeppelin Ophelia ?

J'ai sorti plus de cent cinquante chansons et la plupart d'entre elles racontent un reflet allégorique de ma vie sous la forme d'une histoire steampunk. Les fans peuvent y entendre l'histoire d'un jeune homme qui essaie de s'en sortir dans un monde post-apocalyptique. Il vit dans le ciel à bord d'un dirigeable de l'époque victorienne et se bat contre un environnement hostile.

À la demande des fans, j'ai publié une série de romans inspirée de ces chansons, ainsi qu'un jeu de rôle et un jeu de plateau.

Qui écrit la musique d'Abney Park ?

C'est moi. J'écris les chansons et ensuite je fais appel à divers musiciens pour finaliser les morceaux. Beaucoup des instrumentistes composent eux-mêmes leur partie et notre son, c'est l'assemblage de tous ces éléments.

Quelles sont vos influences ?

De manière générale, toutes les musiques qui transportent l'auditeur dans un autre temps ou dans un autre espace. J'adore la musique rétro de la première moitié du XXe siècle. J'aime les musiques du monde, les musiques turques, les musiques tziganes. J'aime beaucoup les BO de films d'aventures et j'adore les chants de cow-boys du XIXe siècle. Abney Park est un mélange de toutes ces sonorités, et c'est ce qui nous donne cette touche d'exotisme et d'anachronisme.

Comment faites-vous pour garder un équilibre entre ces différentes influences dans vos compositions ?

Pour être honnête, je laisse la musique aller là où elle veut. Quand on écoute un album d'Abney Park, on voyage à travers de nombreuses époques et de nombreux lieux. Aucune chanson ne ressemble à la précédente.

Il y a beaucoup de merchandising autour du groupe et il existe de nombreux produits dérivés : des romans, des jeux, etc. Pourquoi avoir choisi de développer cette branche ?

Parce que c'est amusant. Je suis constamment en contact avec nos milliers de fans et je leur soumets des idées. Quand j'en trouve une qui me paraît sympa, comme le jeu de plateau *Terror Of The Skies*, je leur demande leur avis. S'il y a un nombre suffisant de personnes emballées par le projet, alors je le mets en place.

Que pensez-vous du vent de protestation au sein de la communauté causé par Justin Bieber et David Guetta, et de leur utilisation de l'esthétique steampunk ?

Ces gens en colère n'ont pas bien regardé autour d'eux. Il y a des centaines de groupes qui surfent sur la vague du steampunk. Certains, comme Rush ou Thomas Dolby, le font à juste titre, parce qu'ils ont toujours écrit des chansons qui contiennent des éléments steampunk. D'autres, comme Justin Bieber, mais aussi Rick Springfield, T-Pain, et des centaines d'autres, ont adopté ce look parce qu'ils y voient la prochaine tendance.

Honnêtement, ça ne me dérange pas. Plus ces gars essaient de nous imiter, mieux se porte notre communauté. (Sourire suffisant)

CAPTAIN BROWN / ABNEY PARK

Quelle est l'importance de l'esthétique dans Abney Park ?

Nous vivons avec nos fans un rêve éveillé et je ne vois aucune raison d'en sortir en n'utilisant pas l'esthétique steampunk dans tout ce que nous faisons. La seule raison de ne pas le faire, ce serait par fainéantise, et la fainéantise, je n'aime pas ça.

Existe-t-il une véritable définition de la musique steampunk ? Si oui, quelle est-elle ?

La musique steampunk a une sonorité marquée et facilement identifiable, mais tous les groupes qui portent l'étiquette « steampunk » n'en ont pas forcément conscience et n'essaient pas systématiquement de la reproduire. Aussi, même les groupes comme Abney Park qui connaissent très bien le son steampunk ne l'utilisent pas dans toutes leurs chansons. Ces différents éléments font qu'il est très difficile pour les novices de capter cette sonorité et c'est la même chose pour les nouveaux groupes qui veulent l'adopter.

Comment définir ce son ? Je pourrais écrire tout un livre ; je ne suis pas sûr de pouvoir l'exprimer dans le cadre d'une interview. C'est un assemblage de plusieurs styles rétro. Par exemple, du dark cabaret mélangé à du swing et à des mélodies de vieilles boîtes à musique. C'est plus complexe que cela, mais, encore une fois, j'explore le sujet depuis dix ans, et c'est impossible de résumer le concept en deux paragraphes.

Quel lien existe-t-il entre tous les groupes steampunk ?

Leur amour pour le steampunk, je l'espère, et l'envie d'exprimer l'esthétique steampunk grâce à la musique.

Et vous, comment définiriez-vous le steampunk ?
C'est une communauté marginale inspirée d'un style littéraire, lui-même inspiré par la science-fiction de l'époque victorienne, mais avec un fond réaliste en plus. Cette culture a donné naissance à d'autres genres, comme le Da Vinci-punk ou le dieselpunk, mais ils relèvent tous du steampunk.

Que nous réserve Abney Park dans les années à venir ?
Si tout va bien, de nouveaux albums, de nouveaux romans, des jeux et un million d'autres choses auxquelles je n'ai pas encore pensé. On continuera à parcourir le monde tant que notre public nous suivra.

6
LE COSTUME STEAMPUNK

Le costume steampunk est une des faces les plus visibles du mouvement. Qui n'a jamais croisé, ne serait-ce que sur Internet, les tenues de *Steampunk Couture* ou les tournures anachroniques et rétro-futuristes de certains cosplayers lors d'une convention ? Comme beaucoup d'éléments du mouvement, la mode (n'ayons pas peur des mots) steampunk est facilement identifiable tout en étant volatile dès que l'on tente de la définir concrètement.

Plusieurs influences se retrouvent dans les costumes des vaporistes. Ne parlez pas de déguisements, mais bien de costumes sinon vous subiriez le courroux de toute la communauté !

De façon logique, la mode steampunk est bien sûr fortement influencée par la mode du XIXe siècle : chapeaux melon, redingote, ombrelles et tournures. *A fortiori* aussi par la mode gothique victorienne ou gothique romantique, mais elle s'en détache par la philosophie *Do it yourself*. Donc, nous ne pouvons souscrire au trait d'humour de Jess Nevins : « le steampunk est ce qui se passe quand les gothiques découvrent le marron[51]. »

La mode steampunk s'inspire-t-elle du *cosplay* ?

Le mot cosplay provient de l'anglais, de la contraction entre « costume » et « playing ». Venue du Japon, la pratique du *cosplay* est l'art de porter, généralement en public ou lors de conventions, des costumes reproduisant ceux de personnages de fiction.

---

[51] En version originale : « Steampunk is what happens when goths discover brown. » http://twitter.com/jessnevins/status/28737793311

Le problème avec le steampunk est qu'il n'y a pas de personnages emblématiques issus d'une fiction. Point de Naruto ou de troupes de choc de l'Empire. Mais quelques héros ont tout de même la faveur des cosplayers. Il suffit de faire une recherche sur le net avec les mots-clés « Westerfeld Leviatan cosplay » pour découvrir les costumes des fans de la série *Léviathan* de Westerfeld. Il en va de même avec le personnage de Gail Carriger : Alexia Tarabotti.

Loin d'être une limitation, cela a ouvert en grand les portes aux amateurs de costumes, permettant la création d'autant de personnages différents que de créateurs. En fait, chacun a pu apporter sa propre créativité, sa sensibilité et ses envies… Ce qui a sûrement contribué à l'expansion du steampunk en mettant en avant une extraordinaire créativité collective.

Il suffit d'être en phase avec l'esthétique, de la comprendre pour être en mesure de commencer à créer.

Toujours dans l'optique du *Do it yourself*, le costume est travaillé à partir de vêtements et d'accessoires chinés et détournés. Chacun fabrique par là même les petits accessoires, bijoux et éléments de décoration qui finalisent le costume : il n'est pas encore possible de trouver dans le commerce un fusil éthérique à double piston !

L'esthétique est généralement néo-victorienne. Mais on a vu au fil du temps des créations de plus en plus personnelles, intégrant des horizons ou des époques différentes et ne se contentant plus d'un steampunk standardisé. Certains costumes évoluent ainsi depuis plusieurs années.

Au final, cette ouverture a permis au steampunk d'intégrer des personnes venant d'horizons différents : amateurs de reconstitutions historiques, passionnés de jeux de rôle, vaporistes qui franchissent le pas pour la première fois en fouillant les brocantes et vide-greniers locaux. Tous travaillent dans le même sens, avec des compétences, des degrés d'exigences et des envies différentes.

Quels pièges éviter ?

Soyez vous-même, nous ne saurions encore insister là-dessus. Votre costume doit être aussi confortable que possible, mais surtout doit vous ressembler. Ne cherchez pas à copier une création d'autrui, mais nourrissez votre propre inspiration.

Ne culpabilisez pas également si vos premières tentatives vous semblent décevantes. Tout le monde a commencé un jour et vous trouverez sans doute de nombreuses personnes pouvant vous aider dans les communautés sur Internet.

Quels matériaux travailler ?

Outre vos compétences, votre dextérité et votre patience, il n'y a au sens propre aucune limite : restauration ou détournement d'accessoires et de vêtements, fabrication de vos propres éléments de costume, couture, travail du cuir, rivetage, horlogerie et ferronnerie vous attendent.

Prenez le temps de vous documenter, soyez patient ! Il vaut mieux réaliser quelque chose de personnel, qui vous plaise et qui vous ressemble qu'une tenue standard qui finirait rapidement au fond d'une malle.

Quels sont les incontournables ?

Certains éléments sont maintenant tellement familiers qu'ils sont en train de passer du statut d'incontournable à celui d'à contourner ! En effet, tellement d'intrépides aventuriers mécaniciens avec leurs *goggles* (lunettes de protection, en verre et en cuir épais), tellement de vénéneuses courtisanes-espionnes en corset (qui se porte sur les vêtements, c'est sûrement plus pratique) ont été vues, photographiées et dessinées que cela devient par trop un stéréotype.

Et s'il y a bien une chose que vous devez fuir c'est le banal, le déjà vu et le déjà fait.

Pensez alors à la recherche de détails qui feront la différence et qui vous permettront d'individualiser votre costume : petits bijoux décalés, surprises visuelles, éléments biographiques de votre personnage…

Et si c'est trop dur ?

Ne vous découragez pas. Les tenues qui vous impressionnent chez les autres cosplayers ont certainement coûté de nombreuses heures de travail. Le savoir-faire ne s'acquiert qu'avec l'expérience… et les erreurs qui vont avec.

Encore une fois : prenez le temps de la concertation, de la discussion et de l'écoute. Soyez humble et un petit peu fou, vous ne pourrez que progresser.

FANNY WILK

Fanny Wilk est une passionnée de costume historique et steampunk (mais surtout historique). Elle est aussi à la tête du très réputé magasin parisien : Temps d'Élégance[52]. Elle propose, via son site, des ateliers, des conférences sur le costume et des dîners costumés. Mais vous pouvez juste passer y boire le thé.

Quelle est votre définition du steampunk ?

Pour moi, c'est une uchronie où l'aspect « Révolution industrielle » est poussé à l'extrême et peut même se retrouver là où historiquement il ne fut jamais (mobilier, mode, etc.). Même si Jules Verne est pour moi le pape du steampunk, j'aurais plutôt tendance à implanter le steampunk géographiquement en Angleterre car c'est ce pays qui dominait le monde du commerce et de l'industrie. À cette époque-là, la France était en plein Second Empire « bling-bling », avant d'être emportée dans le tourbillon de la guerre et de la Commune : elle est et restera à la traîne de sa voisine. Il faut aussi dire que la mentalité française n'est pas bienveillante envers les évolutions – qu'elles soient techniques ou sociales – et notre pays n'a pas réellement marqué l'histoire mondiale de la fin du XIXe siècle si ce n'est sur le plan artistique, entre autres en ce qui concerne la mode, car Paris était encore à cette époque-là LA capitale de la mode grâce à des créateurs très inspirés (Worth puis Doucet, Poiret, Paquin, etc.).

Quels sont les points communs entre le costume steampunk et le costume historique ?

Puisque l'on parle « uchronie », le costume historique est forcément la base d'inspiration du costume steampunk. Un

---

[52] Site Internet : Temps d'Élégance, www.tempsdelegance.com

costume steampunk sans aucun emprunt au costume historique ça serait un simple costume fantastique.

Quelle vision ont les amateurs du costume historique sur le steampunk ?

Ceux qui n'en ont jamais entendu parler sont plutôt sceptiques au premier abord, le concept leur parait plutôt abstrait. Par contre, dès qu'ils voient de leurs yeux des exemples (des images ou la rencontre de costumés steampunk), ils sont très enthousiastes, car ils y retrouvent des éléments qu'ils connaissent bien. Ils apprécient le fait de détourner les codes et sont souvent très majoritairement admiratifs face à l'inventivité des steampunks en costume ou leurs talents quant à la fabrication des accessoires.

Le steampunk tient-il plus du costume historique que de la mode gothique ?

À mon sens, oui. Il faut avant tout préciser qu'il n'y a pas « une » mode gothique, mais « des » modes gothiques (romantiques, métalleux, etc.) donc il est difficile de ne pas tomber dans une généralisation honteuse. Cependant, le gothique n'est pas spécifiquement lié à une période puisqu'on y trouve de toutes les époques : du médiéval au contemporain en passant par le victorien très représenté, potentiellement mélangé sur un même costume. Le steampunk étant lié à une période historique précise, le dress code est moins « fourre-tout » tout en étant particulièrement varié, car entre 1850 et la Belle Époque la mode changeait tous les deux ans environ !

Le costume steampunk est-il un moyen de découvrir le costume historique ?

Oui, tout à fait. Le vaporiste est généralement passionné d'esthétique et d'histoire, ce qui lui fait deux énormes points communs avec le reconstituteur[53]. Si en matière de costume il n'a pas un profil « clientéliste » (de produits manufacturés « made in China » surfant sur la mode du steampunk), il est obligé de faire des recherches pour se trouver une identité visuelle propre, le petit quelque chose qui fait que son costume sera différent des cent autres présents à un même événement, il ira forcément voir du côté des costumes historiques pour s'inspirer. Il a la chance de pouvoir aussi s'inspirer du travail du reconstituteur (je parle de « chance » car la réciproque n'est pas vraie, le costume historique permettant peu de fantaisie), sans pour autant forcément aspirer à devenir reconstituteur lui-même car, pour quiconque habitué au domaine de l'imaginaire, il est parfois bien difficile d'être limité par des contraintes de matières et de coupes.

Quels sont les incontournables d'un costume steampunk ?

Je ne parlerai pas « d'incontournables » mais plutôt de « poncifs » du steampunk : corsets, hauts-de-forme, rouages, *goggles*… Sans vouloir les bannir, se limiter à cela pour se constituer un costume c'est s'exposer à avoir une mise assez peu recherchée, pour ne pas dire banale. C'est un comble pour une thématique aussi portée sur l'imaginaire et le fantastique !

---

[53] Passionné de reconstitution historique.

Je ne peux vraiment pas parler d'incontournables car justement le costume steampunk réussi c'est celui qui va surprendre par sa qualité et sa recherche.

Au contraire, qu'est-ce qui devrait être évité ?
L'uniformité et le prévisible !

UN ENTRETIEN AVEC MAURICE "REDSTAR" GRUNBAUM

Bidouilleur, autodidacte, bricoleur hyperactif, il aime travailler aussi bien les tissus que le cuir. Son travail multiculturaliste entre steampunk, dieselpunk, cyberpunk et post-apocalyptique a été de nombreuses fois repris dans des publications internationales et des expositions. Loin d'être consensuel, il a une vision très personnelle du steampunk qui l'a amené quelquefois à des prises de positions radicales.

Pourquoi vous intéressez-vous à la question du multiculturalisme dans le steampunk ?

À mon sens, le steampunk se doit d'être multiculturel et international ! Pour moi il n'y a pas ou il ne devrait pas y avoir un code vestimentaire steam mais plusieurs ! Chacun peut avoir sa propre vision du steampunk ! Sans limites… Le monde ne se résume pas qu'à l'Occident… Se cantonner au style victorien reviendrait à donner une image restreinte du mouvement steampunk dans son ensemble. Tout le monde ne porte pas des hauts-de-forme et des redingotes !

Kimono, sarouel, sari peuvent très bien illustrer et enrichir le mouvement steampunk et ainsi le faire évoluer !

Quand on pense au mot « steampunk », on a tout de suite l'image d'une forme d'esthétisme basée sur l'ère victorienne britannique du XIXe siècle, le mot évoque des images de *gentlemen* moustachus, aristocrates à redingote et dandys à la peau pâle enfilant des lunettes d'explorateur sur leur chapeau haut de forme et au volant de leurs dirigeables révolutionnaires.

Hélas, beaucoup de gens préfèrent s'en tenir à cette description et ne vont pas au-delà, rétrécissant leur champ de vision à sa plus simple expression.

Ce qui fait l'intérêt du mouvement steampunk, c'est sa diversité et sa richesse culturelle qui sont bien au-delà des barrières et des clivages idéologiques et politiques ancrés dans un XIXe siècle historique, et surtout bien loin d'une politique impérialiste dominant-dominé du monde réel.

C'est cette richesse culturelle qu'il faut garder à l'esprit quand on est vaporiste.

Quel est votre *background* artistique ? Avez-vous reçu une formation académique dans le domaine des arts ?

Je suis un autodidacte, j'ai beaucoup appris sur le tas, en observant. L'observation permet de s'améliorer jour après jour, année après année. J'ai commencé par le dessin, ensuite la sculpture, le modélisme et enfin le travail sur des costumes et des inventions de type cyberpunk et ensuite steampunk.

Il y a beaucoup d'influences internationales dans votre création de costumes et d'accessoires. Quelle(s) culture(s) vous intéresse(nt) le plus ?

Je m'intéresse beaucoup aux autres cultures et ethnies. Je suis Eurasien de naissance donc métisse. Je me considère avant tout comme un citoyen du monde et j'aime m'inspirer des différentes cultures qu'elles soient occidentales ou orientales pour créer mes costumes steam. Je donne ainsi une autre vision du steampunk et l'élève à une dimension internationale voir interplanétaire. Par exemple, mon costume de Touareg de Mars, inspiré d'une couverture de la *Ligue des gentlemen extraordinaires* ou encore mon costume d'Atlantéen (race de l'Atlantide disparue).

Je m'inspire aussi de mon héritage vietnamien pour mes créations asiatiques. L'impact de mon héritage familial est important dans mon travail de création, car je donne une autre image du steampunk par le biais de mes origines, une image plus exotique et multiculturelle.

Le steampunk en tant que mouvement a-t-il un impact sur l'art ?

Le steampunk est en quelque sorte une façon de moderniser l'art et le design, mais aussi de le révolutionner, de le redéfinir. Les artistes ont pu trouver dans cette tendance tout ce qu'ils ont toujours apprécié : la liberté d'expression et la possibilité de créer des œuvres hors normes.

L'esprit de rébellion qui se caractérise par le côté PUNK libertaire des années 1970 transposé à la sauce vapeur apporte un renouveau artistique dans tous les domaines.

Comment voyez-vous le steampunk dans les années à venir ?

Le steampunk va continuer à grandir et va avoir encore plus de poids et d'impact en tant que mouvement, parce qu'il plaît au public pour plusieurs raisons :

- il stimule la créativité dans tous les domaines (la mode, le cinéma, les jeux vidéo, la littérature, la BD et la peinture, le cosplay ou création de costumes, accessoires steam ou autres…)

- pour son esthétisme (le romantisme, l'élégance des costumes, des bijoux et artefacts rétro-futuriste…)

- mais aussi pour ses voyages et aventures exotiques du bout du monde : le XIXe siècle, siècle de référence esthétique du steampunk, fut riche de très nombreuses explorations géographiques, ethnologiques, scientifiques et archéologiques.

FUTURAVAPEUR

Futuravapeur[54] est un artiste normand. Décorateur et accessoiriste pour la télévision, le théâtre et l'événementiel, c'est avant tout un touche-à-tout (médiéval-fantastique, rétro-futurisme…)

Son univers est empli d'humour et de fantaisie. Il est notamment le père des Historiettes de Maurice Sandalette *et dirige une horde de robots construits avec des matériaux de récupération.*

Quelle est votre définition du steampunk ?

J'ai tendance à penser que le steampunk est ce que l'on en fait. Difficile dans ces conditions de le définir correctement, chacun caractérisant le mouvement selon ses propres critères et sa propre vision, prétendant bien sûr être celui qui incarne le mieux ces idées (même si, paradoxalement, il se défend de toutes étiquettes, ce doit être le côté punk).

Mais s'il vous faut vraiment une réponse (prenez votre respiration et lisez d'une traite), le steampunk est une vision uchronique du futur d'une société de la fin du XIXe siècle où confort technologique rime avec démesure esthétisante matinée d'un fond d'anarchie.

Comment avez-vous découvert le steampunk ?

Il me serait impossible de déterminer exactement ce qui m'a donné le virus. J'ai, comme beaucoup, côtoyé le steampunk sans vraiment savoir à quoi cela correspondait. Le jeu de rôle *Space 1889*, les films *La Cité des enfants perdus* de Marc Caro et Jean-Pierre Jeunet et *Steamboy* de Katsuhiro Ōtomo, mais aussi et surtout les bandes dessinées *IronWolf* de Mike Mignola, la série des *Cités obscures* de Schuiten et

---
[54] Site officiel : Futuravapeur, http://futuravapeur.jimdo.com/

Peters et *La Ligue des gentlemen extraordinaires* d'Alan Moore ont grandement nourri mon imaginaire et mon intérêt pour ce type d'ambiance. Ce n'est qu'au hasard d'une recherche sur le *oueb* en 2005 que j'ai finalement découvert le terme, m'ouvrant les portes d'un univers plus large encore.

Qu'est-ce qui vous intéresse dans cette esthétique ?
Elle a beaucoup à voir avec ma propre personnalité : les ouvrages de Jules Verne furent parmi mes premiers livres de chevet. Je suis un passionné d'Histoire et un collectionneur d'objets anciens, voire désuets. Ma formation aux Beaux Arts a surtout été marquée par des artistes comme Mucha, Karl Blossfeldt et même Marcel Duchamp. Les matériaux ont aussi leur importance : cuivre, laiton, cuir sont autant de matières passionnantes à façonner et travailler.

Vous vous intéressez depuis quelque temps aux volumes, pourquoi ce choix par rapport à d'autres formes de représentations artistiques ?
En fait, je n'ai pas vraiment de médium favori, j'ai un peu tendance à réaliser mes œuvres en fonction de mon inspiration. Souvent, il s'agit d'objets ou d'images que j'aimerais avoir chez moi. Mon métier d'accessoiriste et ma pratique de jeux de rôle en grandeur nature influencent grandement mes choix. Les facilités que m'ont apportées ces activités font que je suis beaucoup moins confronté à des problèmes techniques que derrière mon ordinateur, par exemple, facilitant ainsi ma production.

Quel est votre processus créatif, de l'idée à la réalisation ?

Je n'ai jamais vraiment d'idée trop précise de ce que je veux obtenir. Souvent c'est un passage de livre, une photo ancienne ou même un morceau d'œuf-surprise qui sont à la source de mes concepts. J'utilise toutes les sources d'inspiration, livres, bandes dessinées, films et documents anciens. Pour ces derniers, la Toile est aussi un outil formidable, source inquantifiable de savoir, un peu en vrac, certes… J'ai surtout tendance à bannir de mes recherches les travaux d'autres bidouilleurs de mon genre, préférant piocher dans l'histoire ou dans d'autres courants culturels comme la *fantasy* ou la science-fiction. Rien n'a finalement été inventé depuis la fin du XIXe, nous ne faisons que revisiter et remettre au goût du jour ce qui a déjà existé.

En second lieu, ce sont les matériaux qui conditionnent mon travail. C'est à partir d'objets chinés, ou récupérés, que je déforme, transforme et assemble mes pièces jusqu'à ce que je trouve un agencement logique et harmonieux à l'œil. J'aime que le résultat soit esthétique, mais aussi cohérent. J'use et abuse parfois de la patine, le vieillissement des objets leur donnant un cachet et une histoire qu'ils n'ont pas.

D'un point de vue esthétique, pensez-vous que le steampunk peine à se renouveler ?

Pas du tout, le steampunk, par essence, se renouvelle toujours avec l'arrivée de nouveaux artistes talentueux. À eux de s'emparer des canons du genre et à les transformer, les détourner, apportant un peu de fraîcheur à cette vague de standardisation des idées inhérente à toute popularisation d'un genre. Le fait que le steampunk devienne populaire ne m'inquiète pas, je pense au contraire que cet engouement du grand public va donner les moyens à beaucoup de personnes talentueuses de s'exprimer, même si cela entraînera sûrement un florilège de productions de mauvais goût et de énièmes versions d'objets, de costumes et de concepts déjà largement exploités par de talentueux prédécesseurs !

Pensez-vous qu'il existe certains clichés aujourd'hui ?

Vous voulez dire des engrenages collés sans aucune logique fonctionnelle, le pistolet Nerf repeint en cuivre, les corsets anachroniques s'il en est, et les *goggles* de motard vissées sur le crâne d'un énième capitaine de dirigeable ? Certes, ça agace, cependant, ils font partie de ces codes indissociables du mouvement.

Comment voyez-vous le steampunk dans les années qui viennent ?

Je pense que ce sont avant tout ces déclinaisons qui vont prendre leur essor : beaucoup de choses restent encore à faire en terme de dieselpunk, d'atomicpunk, de clockworkpunk et j'en passe. Le steampunk sera donc ce que nous en ferons. Il me semble cependant que le mouvement est le fruit d'un grave déficit de valeurs dans nos sociétés pourtant très moralisatrices. Ses valeurs de courtoisie et d'humanisme, d'indépendance par rapport à la société de consommation (à travers le « *Do it yourself* » punk, notamment), ce côté un poil poujadiste dans le bon sens du terme sont autant de reflets des désirs de notre société à revenir à des bases plus saines.

Qu'est-ce qui vous attire dans les robots ?

On nous a toujours promis les robots comme l'avenir de l'homme. Anthropomorphiques, corvéables à souhait et totalement dévoués à l'humanité, le mythe peine cependant à devenir réalité. Même si quelques robots commencent à passer l'aspirateur dans la maison de monsieur Tout-le-Monde, c'est avant tout dans le domaine de l'armement et de l'industrie qu'ils sont présents, au détriment de l'humanité. C'est donc plus l'imaginaire et l'esthétique des années 1960 qui m'inspirent, à travers l'idée d'une technologie au service de l'homme plutôt qu'en lieu et place de l'homme. Et, je dois l'avouer, je suis un fan du côté un peu ringard des looks des robots ou des personnages des illustrations de l'époque.

Pouvez-vous nous parler de Maurice Sandalette ?
Maurice Sandalette est le personnage principal d'un roman-daguerréotype coréalisé avec ma complice Annliz/AnXiogène. Tout d'abord prétexte à nos délires graphiques et à égratigner nos contemporains ayant un peu trop tendance à se prendre au sérieux dans leurs tenues jules-verniennes, il a pris un peu plus de teneur au fil des épisodes. Maurice est un peu à l'image d'une Belle Époque qui forme notre contexte général : léger, cordial, insouciant, un poil misogyne et conservateur, il est aussi un écho de l'enfant qui sommeille en chacun de nous, émerveillé et curieux du monde qui l'entoure. Investigateur maladroit, il est fort heureusement flanqué de sa fidèle assistante Dolly Prann, une jeune Anglo-saxonne, le véritable cerveau du binôme. Son seul défaut, les sentiments qu'elle semble éprouver pour notre héros normand.

UN ENTRETIEN AVEC FUTURAVAPEUR

Où est-il aujourd'hui ? Il nous manque !

Très gourmande en heures de travail et en ressources, la production des *Historiettes* est pour le moment en attente, nos productions artistiques prenant le pas sur elles. Cependant, nous ne manquons pas de projets et un retour éventuel n'est pas à exclure, d'autant que d'autres héros de la même veine semblent, avec plus ou moins de bonheur, vouloir occuper la place vacante.

À Maurice Sandalette, rien est impossible, après tout !

UN ENTRETIEN AVEC THIBAULT HYCARIUS

Tombé dans la marmite du steampunk il y a cinq ans, Thibault Hycarius n'a cessé depuis d'y boire plus que de raison, d'abord aux côtés de Steampunk.fr puis de l'association Steam Rocket. Son steampunk à lui, c'est celui de l'histoire, de la médiation culturelle et de l'imagination d'un univers sans limites.

Quelle est votre définition du steampunk ?

À quelqu'un qui n'aurait aucune idée du steampunk, je lui conseillerais de s'imaginer au XIXe siècle, de visualiser les costumes, les idées, les technologies… puis de se représenter ce qu'aurait pu être la science-fiction à cette période. Cela fonctionne assez bien, surtout en complétant de quelques images représentatives comme celles des romans de Jules Verne. Le steampunk, c'est faire du vieux avec du neuf, et du neuf avec du vieux, une formidable excuse à la création. Mais je me garderais bien d'en donner une définition fixe, qui ne sera plus la mienne dans trois jours ou trois semaines. Finalement, ma définition change souvent au gré des rencontres, des points de vue. Le steampunk est pour moi un milieu de l'ouverture d'esprit, donc son propre style évolue en permanence.

Quelles sont pour vous les caractéristiques principales d'un costume steampunk ?

Un costume steampunk n'est pas uniquement un costume. Il y a derrière « l'esprit » steampunk.

Il est important de concevoir des costumes crédibles, pour ne pas en faire de simples papiers cadeaux, mais bel et bien des créations riches, vivantes, stimulantes. C'est ce qu'en reconstitution historique on pourrait appeler la *démarche*.

UN ENTRETIEN AVEC THIBAULT HYCARIUS

La démarche, c'est la série de processus qui a amené à la création d'un costume. Un costume steampunk peut partir d'une simple envie esthétique. Alors… C'est comme chez le coiffeur ! Voir une coupe de cheveux magnifique sur un catalogue ne veut pas pour autant dire qu'elle le sera sur vous. J'accorde donc une importance particulière à la réflexion en amont sur un costume : pourquoi, comment, pour qui ? En fonction de son personnage, de la personnalité qu'on lui donne, ou simplement de la sienne, tout peut changer !

C'est cela qui rend un costume crédible et évite des impairs qui sont parfois assez amusants, qui transforment les costumes en déguisements. Des accessoires portés à l'envers, des vêtements inadaptés au personnage, voire trop grands ou trop petits…

Pour ma part, j'aime beaucoup pousser ce raisonnement assez loin, pour le plaisir de la réflexion : essayer de s'approcher de quelque chose le plus crédible possible en se posant mille questions rien que pour le plaisir de se torturer l'esprit. L'inconvénient, c'est que j'ai plusieurs costumes commencés depuis des années. Ainsi, j'en ai beaucoup qui sont purement uchroniques, dérivés directement de styles historiques (souvent militaires), mais pas encore de projets longs aboutis.

Penses-tu que certains éléments soient devenus clichés dans le steampunk ?

Bien sûr. Les *goggles*, le haut-de-forme, les rouages collés partout… Mais ce qui est cliché est souvent aussi un classique ! Finalement, les premiers à avoir utilisé ces éléments n'étaient pas dans le cliché. C'est parce que l'image de ces éléments, leur symbolique sont puissantes et produisent très vite une évocation qui est celle du steampunk.

Et puis cela dépend grandement du monde que l'on imagine. Une tenue de dandy « classique » reste une tenue de dandy classique, quoi qu'il en soit. Cela devient cliché parce que ceux qui aiment se démarquer vont le prendre de haut et c'est là qu'intervient le concept de la démarche. Certains vaporistes français portent des tenues de soirée XIXe parfois légèrement modifiées, mais les portent tellement bien qu'on les imaginerait difficilement dans un autre costume. Ils incarnent de fait une image qui donne vie à ces costumes. Cela vient souvent de la réflexion qu'ils ont eue sur ces vêtements, des efforts accomplis pour les adapter pour qu'ils leur aillent parfaitement.

Là où ça devient cliché, et déguisement, c'est lorsque ces éléments sont utilisés pour « justifier » son costume.

On observe aussi parfois certaines dérives en soirées aussi. Il est devenu très difficile de faire des soirées avec des shows sans avoir de la danse tribale et/ou du burlesque, voire uniquement ces deux composantes.

Comment faire un costume steampunk ? Quelle est la part de *Do it yourself* dans la création d'un costume steampunk ?

Comment faire un costume steampunk ?... Comme on le sent ! Ma méthode est assez particulière, et tellement pénible que je n'oserais l'imposer à personne !

C'est d'abord une idée. Farfelue le plus souvent. Ensuite, je vais réunir le plus de documentation possible sur les sujets s'en rapprochant. Données historiques, techniques, imaginaires, qu'est-ce qui a déjà été fait, du visuel... et l'idée se précise. Mais je pousse ça tellement à l'extrême que je m'y cantonne parfois pendant plus d'un an… Et j'entasse des objets ou des matières premières « au cas où ». Dans les pires cas, je vais créer un univers global, comme pour la Steam Inquisition[55], ce qui prend encore plus de temps.

Une fois ceci fait, j'attaque la phase de création. Mais chaque élément est évalué en fonction de mon idée, de la crédibilité, de la faisabilité… et quand j'ai terminé une pièce j'essaie de la tester un maximum dans des conditions proches de son utilisation possible pour en déceler les failles, et si besoin repenser, refaire… ce qui remet parfois en question l'ensemble du costume !

Voilà, donc, long et pénible.

Concernant la part du *Do it yourself*, je me souviens il y a quelques années d'une traduction d'Émile Clapeyron sur le forum steampunk-fr.com qui disait que c'était plus *Dream it yourself* que *Do it yourself*. Je suis entièrement d'accord. Sans réserve.

De fait, la part du *Do it yourself* est totale ! Ceci étant dit, j'admire autant ceux qui font tout de leurs mains que ceux qui, s'en estimant incapables, vont déployer des trésors d'imagination et d'exigence pour trouver précisément LA pièce qui convient à leur idée, ou faire réaliser ce qu'ils ont imaginé. Cela prend d'ailleurs souvent autant de temps, et demande autant de travail. Aimant faire les deux, j'aime à considérer que je suis un mélange des deux ! Fabriquer des choses de ses propres mains est toujours très gratifiant, mais l'excitation de la chasse au trésor est aussi un sport très exaltant. Et dans tous les cas, cela permet de corriger ce que je ne sais pas faire, ou que je ne peux pas trouver.

---

[55] Organisation fictive créée sur le forum steampunk.fr

Quelles périodes historiques couvre le steampunk français ?

Dans le sens strict du terme, aucune. En terme d'inspiration en revanche, cela court du XVIIe siècle au XXe, avec évidemment une grosse préférence pour le XIXe.

Y a-t-il des costumes plus difficiles à manier et à steampunkiser que d'autres, les uniformes par exemple ?

Complètement oui. On a vu le débat se présenter assez récemment d'ailleurs. Dans ma démarche personnelle, je vais systématiquement aller chercher toutes les références proches ou lointaines, historiques ou non, de chaque élément que je vais utiliser, parce que j'aime ça !

Sans aller jusque-là, c'est toujours intéressant de le faire un peu sur les plus grosses pièces. La France est une terre d'Histoire, de symboles, et certaines choses ne peuvent être prises à la légère…

Au-delà de ça, le discours et l'attitude sont importants. Plus que le costume lui-même, c'est l'attitude de celui qui le porte qui modifie la portée des symboles. Il ne faut jamais oublier que pour 98 % d'entre nous le steampunk est un loisir.

Comment définir le costume steampunk comparé au costume historique ?

Le costume historique s'appuie sur le credo « Quelles sont tes sources ? Quelle est ta démarche ? ». En d'autres termes, un costume historique est basé sur des sources historiques, et sur la démarche qui revient à se poser les questions : « Pourquoi faire les choses comme ça ? » et « Sur quelle réflexion se base la reconstitution et l'assemblage des sources historiques ? ».

Sur le steampunk, il n'y a pas de sources… donc nécessairement pas la même démarche !

Pour m'amuser, sur certains costumes, ceux de la Steam Inquisition, j'aime créer mes propres sources, parce que c'est un indice de crédibilité pour moi, d'imaginer les antériorités des objets et vêtements. Mais c'est très personnel comme idée, surtout que souvent je vais imaginer le personnage, les gens autour de lui, le milieu dans lequel il évolue, le contexte, etc. De la reconstitution à l'envers en fait !

Le steampunk est-il une voie d'exploration du costume historique ?

C'est tout à fait possible. De même que pour le reste d'ailleurs. Le steampunk embarque avec lui beaucoup de grands thèmes interconnectés entre l'histoire et le monde moderne. Les restes de la colonisation, l'industrialisation à outrance, la place des gens dans la société…

Quand on travaille sur des costumes steampunk, ou des créations, avec un peu de curiosité on se trouve vite embarqué dans des recherches interminables sur telle ou telle chose ! C'est un aussi moteur incroyable pour la culture générale.

Comment sortir du carcan victorien ?

Aaaaah, le victorien… c'est toujours un des sujets sur lequel j'aime à revenir.

Le steampunk est parti des États-Unis. Les Américains ont pris exemple sur les Anglais. Et en ce qui concerne le XIXe siècle, les Anglais défendent bec et ongle leur ère victorienne.

C'est d'ailleurs amusant parce que les Américains ont une histoire pendant ce siècle d'une richesse incroyable...

Ceci étant dit, parler de victorien pour le steampunk est trop souvent une démonstration d'une certaine ignorance culturelle sur l'inspiration historique (comme quoi c'est utile d'avoir ce petit regard sur le passé !). Pour sortir du carcan, il faut expliquer ce qu'il se passait d'autre en dehors de la sphère britannique.

En France, à cette période, il y a énormément de choses à dire, mais souvent les gens ont du mal à se représenter le XIX⁰ siècle français. Trop de changements politiques essayant d'enterrer les précédents peut-être. Même à l'école, on passe tout de suite du Premier Empire à la Première Guerre mondiale, en faisant vaguement une allusion à Jules Ferry en passant.

J'aime aussi défendre la cause de l'Histoire américaine de ce siècle. Je crois qu'on devrait tous y jeter un œil. Certains passages sont capitaux pour comprendre la place qu'auront les États-Unis sur l'échiquier géopolitique d'une part, mais aussi pour analyser l'évolution de la science et des techniques d'autre part. Les quelques années de la Guerre de Sécession à elles seules sont d'un enseignement rare sur ces questions.

Nous voyons de plus en plus de costumes tentant d'explorer d'autres cultures. Existe-t-il une voie pour le multiculturalisme dans le steampunk ?

Cette question est assez délicate. Pour moi, le multiculturalisme dans le steampunk, c'est mélanger plusieurs cultures, à parts égales. Ou bien partir d'une autre culture que la culture occidentale pour lui faire prendre un développement relativement similaire. Par exemple, si la Chine avait eu une Révolution industrielle avant l'Occident et avait finalement imposé sa culture en colonisant l'Europe ? C'est un exemple simpliste, mais qui fonctionne, je pense.

Du coup, concevoir un costume où on va imposer une vision occidentale à des éléments autres, ou un costume d'inspiration occidentale sur lequel on va juste mettre quelques touches d'une autre culture, appeler ça multiculturel est un abus à mon avis. Je parlerais plus souvent de multicolonialisme tant certaines tenues se réclamant avec virulence du multiculturalisme sont souvent un ensemble de clichés culturels réutilisés en imposant l'évolution à l'occidentale, ou l'attitude.

Mais ce n'est pas une fatalité, certains, y compris en France, parviennent très bien à faire du beau multiculturalisme simple, les possibilités d'évolution sont fantastiques !

Parlant de multicolonialisme, penses-tu que le steampunk ait une portée politique ?

Comme pour tout, j'imagine.

Le steampunk est ainsi fait que chacun peut y voir un peu ce qu'il veut, y associer ce qu'il veut. Pour ma part je n'en fais rien, car je crois que cela serait inintéressant de mélanger steampunk et politique, d'autant que dans l'absolu, à l'heure actuelle il serait difficile de dégager un message politique du steampunk. Parler de thématiques qui sont des thématiques politisées (surindustrialisation, écologie, évolution de la société, etc.) pourquoi pas, mais cela ne pourrait pas vraiment être considéré comme un débat politique différent que ce qui a déjà été fait.

7
STEAMPUNK
& ÆTHERNET

S'il y a bien un endroit où le steampunk a déployé ses ailes (mécaniques), c'est bel et bien dans les recoins virtuels d'Internet. Et s'il y a un mouvement culturel qui a su, malgré son côté rétro, épouser toutes les possibilités offertes par le web, c'est bel et bien le steampunk.

Une étude de l'histoire du steampunk nous apprend que le mouvement est concrètement passé du stade d'élan littéraire à une véritable sous-culture grâce à l'explosion du web sous sa forme 2.0. Début 2000, une révolution s'est opérée, Internet est passé d'une version statique avec des utilisateurs « consommateurs » d'information à un Internet participatif, dans lequel les utilisateurs deviennent à leur tour producteurs de contenu, et ce, sans connaissances techniques particulières. Les formes les plus abouties sont les forums et les blogs et dans un deuxième temps les réseaux sociaux.

Internet tout comme pour de nombreux autres mouvements est devenu le lieu d'expression privilégié des communautés vaporistes.

Outre cet aspect communautaire de rencontre et de production, le participatif ne se limite pas à l'échange d'informations, de lectures ou de vieilles techniques, sur ces réseaux. En effet, les vaporistes incorporent leur présence sur le web à l'élaboration de ce que Selena Chambers appelle dans son ouvrage *The Steampunk Bible*, le « steamsona ». Contraction des mots *steampunk* et *persona*, le steamsona est la construction d'un personnage fictif avec un nom et une histoire uchronique et rétro-futuriste par chaque vaporiste.

Ainsi, la majorité des membres des communautés ne se connaissent que par leur pseudonyme et agissent en société (lors des conventions ou les pique-niques victoriens) conformément à la personnalité qu'ils ont construite en ligne.

Mais avant de créer votre steamsona et rencontrer d'autres vaporistes, petit tour d'horizon des sites incontournables à visiter :

- steampunk.fr et steampunk-fr.com : site Internet et surtout LE forum de la communauté française. Lieu incontournable pour les vaporistes français, tous les sujets, des plus légers aux plus sérieux, y sont traités. Trois mille internautes s'y retrouvent régulièrement.

- french-steampunk.fr : site web culturel traitant principalement de littérature et de bande dessinée, French Steampunk tente d'apporter un regard critique sur l'évolution du mouvement par le prisme de sa production artistique.

- brassgoggles.co.uk : Autrefois une mine foisonnante, le blog Brassgoggles était centré sur l'aspect steam plutôt que punk du mouvement. Pendant longtemps, il a été l'un des sites les plus visités de la toile steampunk. Depuis le départ de sa créatrice Tinkerbel, Brassgoggles n'est malheureusement plus que l'ombre de lui-même, mais toujours une source à explorer… Le forum attenant au blog reste le lieu de rencontre privilégié des vaporistes anglophones.

- steampunkchronicles.com est un site web collaboratif et généraliste se concentrant sur les principaux acteurs du mouvement (interview de musiciens, artistes, organisateurs de conventions, etc.). Le site est devenu majeur depuis qu'il organise les Steampunk Chronicles Readers Choice Awards récompensant le meilleur du steampunk de l'année précédente dans de nombreuses catégories.

- thesteampunkempire.com : Steampunk Empire est LE réseau social de la communauté. Assez proche de Facebook, les vaporistes peuvent créer des profils, entrer en contact avec d'autres et partager leurs photos et leurs expériences.
- steampunkworkshop.com : À l'origine, blog personnel de Jake Von Slatt, célèbre bidouilleur de génie, aujourd'hui blog collaboratif qui traite d'un peu de tout avec toujours un éclairage sur le bricolage.
- steampunkmagazine.com : plateforme web du magazine électronique *Steampunk Magazine*. Le site en lui-même n'a que peu d'intérêt si ce n'est sa zone de téléchargement pour acquérir les publications. *Steampunk Magazine* explore le punk du steampunk, son aspect autant politique que sociétal et tend à prouver qu'il y peut y avoir une crête iroquoise sous le chapeau haut de forme.
- beyondvictoriana.com : blog dirigé par Diana Pho, connue dans la communauté sous le nom de Ay-leen The Peacemaker. Il traite de façon presque universitaire de la question du multiculturalisme dans le steampunk et en explore les contrées non occidentales.
- steampunkscholar.blogspot.com : tenu par Mike Perschon, universitaire canadien, sSteampunk scholar rassemble tout ce qui traite de près ou de loin à la littérature steampunk. Avec de longs billets fouillés et érudits, le vaporiste anglophone et littéraire y trouvera… tout.
- steamgirl.com : au beau milieu du foisonnement de sites web, il ne manquait qu'une seule chose : un site de charme, signe que le steampunk a atteint une certaine forme de maturité. C'est la délicieuse Kato, créatrice de mode et égérie de la communauté, qui se lance dans l'effeuillage érotique 100 % féminin. Pour un public averti !

UN ENTRETIEN AVEC CÉLIA CHAPILLON

Célia Chapillon est rédactrice en chef pour Le Petit Vaporiste *(le fanzine de la communauté steampunk française), créatrice du forum steampunk-fr.com et organisatrice d'événements steampunk. Mordue de steampunk et de reconstitution historique, elle trouve dans l'uchronie un tremplin vers l'imaginaire, qui lui permet de jouer avec les références historiques.*

Comment définiriez-vous le steampunk ?

Je considère le steampunk comme un mouvement culturel alternatif, basé sur l'esthétisme du XIXe siècle (dans mon esprit, de 1800 à 1914). Il s'agit d'une uchronie : « Que ce serait-il passé si… », le « si » étant dans le cas présent « si on n'avait pas encouragé l'usage du pétrole, lui préférant la technologie à vapeur, développée à outrance, et imprégnant la vie quotidienne ».

Il me semble plus simple d'en parler en termes d'inspirations, d'images, de sensations… : ma vision du steampunk est centrée autour de l'Art nouveau et du multiculturalisme qui « imbibaient » la société de ce siècle (au travers des expositions universelles, des mouvements tels que le japonisme ou l'orientalisme, ou de l'influence des autres cultures sur le mouvement romantique, en musique entre autres). Le steampunk est également indissociable de personnages comme le pirate de l'air, le savant fou (à la Marie Shelley), la femme forte qui casse les normes de son époque pour vivre comme elle l'entend… et situations ou désirs types (la soif de découverte, les jeux de pouvoir de la société nouvellement industrialisée qui a vu l'émergence de nouveaux bourgeois…)

UN ENTRETIEN AVEC CÉLIA CHAPILLON

Comment est né le forum steampunk-fr.com ? Quelles ont été les grandes étapes de son histoire ?

http://steampunk-fr.com a été officiellement lancé au mois d'août 2009. Cependant, l'idée de créer un forum sur ce thème est née bien avant. J'ai découvert le steampunk lors du Salon du Livre de Paris au début des années 2000. Il n'était pas question, à cette époque, de créer quoi que ce soit en lien avec ce mouvement. C'est la récurrence des discussions sur le steampunk avec des personnes issues de milieux très différents qui a fait germer la vision d'une communauté éclatée qui ne demandait qu'à se découvrir. Il m'a semblé nécessaire, au bout d'un certain temps, que ces individus si différents puissent se rassembler quelque part. L'objectif n'étant pas tant d'informer sur le steampunk que de se regrouper, de communiquer et échanger sur ce sujet. Il était à mon avis plus cohérent de créer un forum qu'un site Internet. Faute de trouver quelque chose d'équivalent et de francophone, j'ai lancé le projet de http://steampunk-fr.com au cours de l'année 2008. Le plus important dans le forum, ce sont les membres et l'aspect communautaire : ce sont les membres qui font le lieu.

L'histoire du forum se compose de nombreuses étapes, grandes et petites. La première grande étape, ça a bien sûr été le lancement du forum lui-même, puis dans la foulée, le tout premier pique-nique. Ce dernier est un souvenir très émouvant pour moi. C'était la première rencontre steampunk en France. Nous étions une quarantaine. Depuis, de nombreuses éditions de ce pique-nique d'été ont été organisées. Quelques mois plus tard, nous avons mis en place des journées steampunk de Noël, que nous reconduisons chaque année depuis. Ensuite, il y a eu les rencontres en province (Nantes, Bordeaux, Dijon…), en Suisse, en Belgique. Ensuite, nous avons lancé les soirées organisées par l'équipe steampunk.fr et par Alexander Von Schwartzon qui s'occupe des nuits vaporistes.

Parmi les événements marquants, nous avons créé des espaces de discussion en ligne. Puis en mars 2011, nous avons lancé le numéro 0 du *Petit Vaporiste*[56]. Depuis 2009, existait en effet *Le Petit Journal de Steampunk.fr*, que recevaient de temps en temps les membres sur leurs boites mails, et qui se faisait l'écho des sujets populaires de notre forum. *Le Petit Vaporiste* propose, de son côté, de véritables articles fouillés. Cela a demandé aux contributeurs de s'impliquer plus avant dans ce mouvement en devenant rédacteurs, et en s'improvisant journalistes. Enfin, en décembre 2012, nous avons lancé le site web lié au forum. Il en est à ses balbutiements, mais l'objectif est de mettre en avant les contributions de qualité du forum, les événements et les dernières sorties littéraires et artistiques.

Qu'apporte un tel forum à la communauté ?

Le forum apporte des opportunités d'échange, de critiques mutuelles et d'émulation. Cela permet de plus en plus à chacun de pousser sa réflexion sur le mouvement steampunk au travers de débats. Il permet avant tout de présenter les dernières créations (les siennes, et celles qui nous ont tapé dans l'œil) aussi bien littéraires qu'artistiques ou *Do it yourself* et d'en discuter. Il participe à l'entretien d'un état d'esprit, d'une communauté qui se connaît et discute régulièrement.

---

[56] Magazine gratuit de la communauté www.steampunk-fr.com

CÉLIA CHAPILLON

Quels sont les projets du forum, ses évolutions futures ?

Ces derniers mois, nous avons énormément travaillé sur la nouvelle mouture du *Petit Vaporiste*. Nous comptons mettre à disposition ce quatrième numéro en mars 2013. Nous venons également de lancer un site Internet qui est loin d'être parfait. Nous aimerions renforcer l'aspect communautaire, en demandant à ceux qui le souhaitent et qui en ont les compétences techniques de participer à son évolution.

Avez-vous vu évoluer la communauté steampunk ces dernières années ? Comment ?

J'ai surtout vu des personnes avec chacune des visions personnelles du steam s'y intéresser, être actives dans le mouvement un temps puis s'en éloigner. Le mouvement était très confidentiel au départ. Il a attiré beaucoup de personnes venues d'horizons différents (reconstitution historique, danse, mouvement gothique, jeux de rôle…). J'ai l'impression que l'esthétique et le costume ont été plus mis en avant ces dernières années et que d'autres personnes cherchent des choses plus fouillées.

Quel(s) conseil(s) donner à un vaporiste débutant ?

De ne pas foncer acheter des *goggles* et un haut-de-forme pour participer à des soirées. Fouiller, réfléchir, se nourrir de lectures, de films, d'art, de beau… attraper un bout de ficelle et dévider la pelote, découvrir.

Quelle est aujourd'hui la place du costume dans le steampunk ?

Le costume est, je crois, la partie émergée de l'iceberg. Ce qu'on voit, et ce qui se fait voir. Ça ne représente pas la totalité du mouvement, et même pas sa majorité. Par contre, c'est l'aspect le plus visible au quotidien, celui qui se manifeste le plus. Faire un costume steampunk est souvent considéré comme un sésame pour rencontrer d'autres vaporistes et participer à des soirées.

Le steampunk est majoritairement esthétique, je pense, et l'une de ses facettes est le costume.

UN ENTRETIEN AVEC ANN VANDERMEER

Ann VanderMeer a dirigé les trois recueils de nouvelles Steampunk[57], Steampunk II: Steampunk Reloaded[58], Steampunk III: Steampunk Revolution[59]. *En tant qu'ancienne éditrice du célèbre magazine* Weird Tales *(pour lequel elle a reçu un Hugo Award en 2009) et de Tor.com, elle a suivi avec attention les évolutions récentes du steampunk.*

Quelle est votre définition du steampunk ?

La réponse la plus courte est rétro-futurisme. De la science-fiction dans le passé, et particulièrement dans l'époque victorienne. L'autre réponse est qu'il y a autant de définitions différentes du steampunk qu'il y a de fans. Pour moi, le steampunk est une manière de jeter le passé dans le futur et de voir ce qui se passe.

Comment expliquez-vous qu'un si petit genre littéraire se soit transformé en un foisonnant mouvement culturel ?

Il y a plusieurs raisons à cela. Tout d'abord parce que le steampunk permet de jouer avec le passé. Et dans un sens, de lui donner un coup de jeune. Le steampunk permet de pointer les choses positives du passé et de les améliorer et corriger des choses qui n'ont pas été.

Une autre raison à cela est le désir de créer. Faire quelque chose à partir de rien est dans la nature humaine. Nous sommes aujourd'hui tellement éloignés de ce qui fait fonctionner les objets qui nous entourent que de voir leurs mécanismes internes et de savoir que nous pouvons

---

[57] Tachyon Publications, 2008.
[58] Tachyon Publications, 2010.
[59] Tachyon Publications, 2012.

vraiment créer par nous-mêmes est très attirant. Et bien sûr, ne pas oublier la beauté. Le steampunk est visuellement beau. La beauté est ce qu'il y a de plus important, relayant presque l'aspect utilitaire au second plan.

Souvent, les gens ont aussi une certaine nostalgie du passé. Il suffit de voir la popularité des jouets *vintages* ou des vieilles voitures. En plus de l'aspect rétro-futur des histoires steampunk, il y a un réel sens de l'aventure. Nous sommes emmenés dans des endroits merveilleux, mais avec lesquels nous gardons une certaine familiarité. N'oublions pas non plus la mode, les fans de steampunk aiment à se costumer. La mode steampunk est tellement belle que dans tous les cas, elle ne devrait pas être reléguée aux seules conventions et soirées. Elle doit descendre dans la rue.

Reste-t-il quelque chose des pères fondateurs ?

Absolument oui ! Tous les trois continuent à écrire, peut-être pas du steampunk, mais ils sont toujours là et écrivent de la très bonne fiction. James Blaylock vient de sortir un nouveau roman, *The Aylesford Skull*[60], qui sera publié en même temps que la réédition de ses classiques steampunk *Homunculus*[61] et *Lord's Kelvin's Machine*[62]. Tim Powers vient de recevoir un World Fantasy Award (et un British Fantasy Award) pour son recueil, *The Bible Repairman and Other Stories*[63]. J'ai eu la chance d'être assise à ses côtés lors du repas durant lequel il a reçu son prix ! K. W.

---

[60] Titan Books, 2013.
[61] Titan Books, 2013.
[62] Titan Books, 2013.
[63] Tachyon Publications, 2011.

ANN VANDERMEER

Jeter a sorti son dernier livre, *Death's Apprentice*[64], il y a quelques mois.

Considérez-vous le steampunk comme un mouvement plus esthétique que littéraire ?

Tout a commencé comme un mouvement littéraire puis il s'est transformé en beaucoup plus. Ce qui est amusant, c'est que jusque récemment, deux mondes vivaient séparément. Les personnes investies dans la sous-culture ne savaient pas qu'il y avait toute une littérature derrière le mouvement steampunk. Et les écrivains et lecteurs ont été très heureux de découvrir toutes les autres parties de la sous-culture.

Pensez-vous qu'il y a de la place pour des récits steampunk non occidentaux en littérature ?

Oui, et il existe déjà de magnifiques histoires à ce jour. Il faut étendre les frontières et s'affranchir des contours stricts de l'étiquette steampunk. La production qui en découle est très intéressante.

Reste-t-il encore un peu de punk dans le steampunk aujourd'hui ?

Il peut en rester un peu. C'est d'ailleurs la question que j'ai posée dans mon anthologie *Steampunk III: Steampunk Revolution*. Je voulais mettre en avant la partie PUNK du genre et m'affranchir des limites. J'ai reçu des nouvelles du monde entier, apportant différents points de vue. Je voulais confronter les lecteurs à des récits ayant une approche différente des histoires steampunk traditionnelles.

---

[64] Thomas Dunne Books, 2012.

Pensez-vous que le steampunk et donc le rétro-futur soient politiques ?

Les gens ont tendance à rire quand je leur dis, mais oui, je pense que nous pouvons prendre beaucoup des idées et des idéaux du steampunk, et de façon générale des mouvements politiques qui ont une forte esthétique (comme les punks par exemple), et les mettre en action pour un monde meilleur. Quand j'ai mentionné un peu plus haut les personnes attirées par le fait que le steampunk les laisse jouer avec l'histoire, les laisse examiner les événements à la loupe du futur, c'est là que commence la dimension politique du steampunk.

Comment voyez-vous le steampunk dans cinq ou dix ans ? Le steampunk va-t-il devenir mainstream ?

C'est difficile à dire. Dès que vous réfléchissez un peu à ce que va devenir le steampunk, vous êtes étonné (souvent en bien) de découvrir ce qu'il se passe. J'ai été très surprise d'être interviewée par *The Weather Channel* (la chaine météo) quand ma première anthologie *Steampunk* a été publiée en 2008. J'ai demandé au producteur, pourquoi moi ? Il m'a répondu que le steampunk soulève les questions du *Do it yourself* et des technologies vertes, ce qui l'intriguait. Je pense que le steampunk va devenir de plus en plus *mainstream* et qu'il va se mélanger avec d'autres influences autant dans la littérature et dans les arts. Et c'est bien. Personne ne veut stagner, sauf peut-être les conservateurs, mais je préfère être progressiste, n'êtes-vous pas d'accord avec moi ?

CONCLUSION

En janvier 2013, le laboratoire d'idées d'IBM a publié une infographie très complète annonçant que, selon sa technique du *sentiment analysis*, la mode steampunk allait connaître une forte croissance en 2014[65]. Pour arriver à cette conclusion, la société américaine avait étudié pas moins de cinq cent mille données issues de forums, blogs et autres médias sociaux. Ce faisant, elle a cherché à déterminer les tendances de fond de l'industrie, afin de les prédire et de s'y préparer. On peut penser ce que l'on veut d'un tel résultat et il est probable que ceux qui s'intéressent au steampunk depuis longtemps ont pu constater par eux-mêmes combien les références au mouvement steampunk étaient devenues fréquentes ces dernières années.

Nous l'avons vu, chacun a sa propre vision, sa propre définition du steampunk. Comment, dans ces conditions, ce mouvement protéiforme aux contours flous pourrait-il exploser dans la culture de masse ? Pourtant, des touches steampunk sont bel et bien là, dès que nous allumons notre poste de télévision ou que nous ouvrons un magazine.

Une des forces actuelles du steampunk – et cela lui est assez reproché – est d'être dans une phase conquérante, entre la découverte d'une nouvelle audience et la mise en place d'une histoire de lui-même.

Nous nous souvenons d'un temps, pas si lointain, où aimer et parler du steampunk revenait à faire partie d'un club un peu exclusif. Nous discutions du jour où le steampunk allait

---

[65] À lire dans son intégralité ici : http://www-03.ibm.com/press/us/en/pressrelease/40120.wss

être connu. Ce jour est presque là, notre club est devenu une grande maison et l'espace communautaire où nous connaissions tout le monde est désormais un peu moins convivial et de plus en plus fréquenté. Entre-temps, le steampunk est devenu un mouvement vaste, mobile et souvent surprenant.

Le steampunk est pour l'instant une esthétique. C'est-à-dire qu'il n'est rien en lui-même. Nous pourrions même dire qu'il n'est pas intéressant en tant que tel, mais qu'il devient passionnant quand il est en action. C'est pour cela qu'il est justement menacé par le danger de ne rester qu'une esthétique et de ne rien offrir d'autre.

Le pas suivant est l'émergence d'une culture steampunk ou, pour être plus précis, d'une contre-culture. L'élément déclencheur surviendra quand le steampunk sera devenu tout à la fois un mode de vie, un loisir et une vision du monde.

Cela n'arrivera pas en France, disent certains. C'est méconnaître combien le steampunk fait déjà partie de l'ADN de l'Hexagone. Partout où nous posons les yeux, avec un peu d'imagination, nous voyons les touches, les éléments rétro – presque futuristes – du glorieux passé industriel de la France… Là où le voile entre la réalité et une dimension rétro-future se fait le plus fin, il n'y a qu'un pas de côté à faire pour que surgisse le steampunk.

Le même phénomène a lieu actuellement dans le monde entier.

Nous en guettons les signes.

Étienne Barillier & Arthur Morgan
Mai 2013

Catalogue

Anthologies

69, anthologie érotique
Contient la nouvelle « Miroir de Porcelaine » de Mélanie Fazi, prix Masterton 2010

Appel d'Air, anthologie

Fées dans la ville, anthologie

Fugue en Ogre mineur, anthologie

Les coups de cœur des Imaginales, anthologie dirigée par Stéphanie Nicot

Utopiales 12, anthologie officielle du festival des Utopiales 2012

Utopiales 11, anthologie officielle du festival des Utopiales 2011

Utopiales 10, anthologie officielle du festival des Utopiales 2010

Utopiales 09, anthologie officielle du festival des Utopiales 2009

Perles d'épice

Chansons de la Terre mourante (1er volume), anthologie dirigée par Gardner Dozois et George R. R. Martin

Jackpots, recueil de nouvelles de Robert A. Heinlein

L'une rêve, l'autre pas, roman de Nancy Kress *(Prix Hugo, prix Nebula, Grand Prix de l'Imaginaire, Prix Asimov's et Science Fiction Chronicle)*

Le Volcryn, roman de George R. R. Martin *(Prix Locus 1981)*

Dragon de glace, recueil de nouvelles de George R. R. Martin
Contient les nouvelles « L'Homme en forme de poire », Prix Bram Stoker et « Portrait de Famille », Prix Nebula.

Skin Trade, roman de George R. R. Martin *(World Fantasy Award 1989)*

London Bone, recueil de nouvelles de Michael Moorcock

Les Vestiges de l'automne, roman de Robert Silverberg

Le dernier chant d'Orphée, roman de Robert Silverberg

Baroudeur, recueil de nouvelles de Jack Vance

Les Cinq rubans d'or, roman de Jack Vance

Les Trois Souhaits

La troisième lame *suivi de* **Pollinisation**, d'Ayerdhal

W.O.M.B., de Thomas Becker et Sébastien Wojewodka

Les Ballons dirigeables rêvent-ils de poupées gonflables ?, recueil de nouvelles de Karim Berrouka

La Digitale, roman d'Alfred Boudry

Manières noires, recueil de nouvelles de Jean-Michel Calvez

Custer et moi, de François Darnaudet

This is not America, recueil de nouvelles de Thomas Day

Women in chains, recueil de nouvelles de Thomas Day

Pèlerinage, recueil de nouvelles de Sylvie Denis

Cendres, recueil de nouvelles de Thierry Di Rollo

Crépuscules, recueil de nouvelles de Thierry Di Rollo

Les Solitudes de l'ours blanc, roman de Thierry Di Rollo

D'une Rive à l'autre, recueil de nouvelles de Mathieu Gaborit

L'Affaire du Rochile, de Laurent Genefort

Espaces insécables, recueil de nouvelles de Sylvie Lainé
Contient les nouvelles « Carte blanche », Prix Septième Continent et « Le Chemin de la rencontre », Prix Rosny Aîné

Marouflages, recueil de nouvelles de Sylvie Lainé
Contient la nouvelle « Les Yeux d'Elsa », Grand Prix de l'Imaginaire, Prix Rosny Aîné et Prix du Lundi

Le Miroir aux éperluettes, recueil de nouvelles de Sylvie Lainé
Contient la nouvelle « Un signe de Setty », Prix Rosny Aîné

Le Voyageur solitaire (Les Chroniques des Nouveaux Mondes I), recueil de nouvelles de Jean-Marc Ligny

Les Chants de glace (Les Chroniques des Nouveaux Mondes II), recueil de nouvelles de Jean-Marc Ligny

Survivants des arches stellaires (Les Chroniques des Nouveaux Mondes III), recueil de nouvelles de Jean-Marc Ligny

Maudit soit l'éternel, recueil de nouvelles de Thierry Marignac

Comme un automate dément reprogrammé à la mi-temps, recueil de nouvelles de Laurent Queyssi

Celui qui bave et qui glougloute, de Roland C. Wagner

Cette Crédille qui nous ronge, de Roland C. Wagner

H.P.L., de Roland C. Wagner *(Prix Rosny Aîné 1996)*

Le Serpent d'angoisse, de Roland C. Wagner *(Prix Rosny Aîné 1988)*

Les Guides

Le Guide des fées, regards sur la femme, de Virginie Barsagol et Audrey Cansot

L'Amour selon les fées, de Virginie Barsagol et Cécile Richard

Le Guide de survie en territoire ado, par Laura Vitali

Le Guide steampunk, par Étienne Barillier et Arthur Morgan

Le Petit Guide à trimbaler de l'imaginaire français

Le Petit Guide à trimbaler de la fantasy

Le Petit Guide à trimbaler des vampires

Le Petit Guide à trimbaler de Philip K. Dick, par Étienne Barillier

Retrouvez les livres des éditions Actusf sur www.editions-actusf.fr

Achevé d'imprimer en juin 2015
par Bookpress – Imprimé en Pologne

Dépôt légal : juin 2013